LISELOTTE PULVER

Meine Wunder
dauern etwas länger

Geschichten und Bilder
aus meinem Leben

Mit 114 Fotos

sowie Verzeichnissen der Theater-, Film-, Fernsehrollen,
Sketch-Auftritte, Talkshows und Auszeichnungen

W0074942

Langen Müller

Bildnachweis

Archiv der Autorin: 1, 2 (Foto TELDEC), 4 – 8, 9 (Foto Eva Hoenig, Zürich),
10 – 13, 17, 18, 22, 23 (Foto Rolf Lantin, Bad Schwalbach/ Taunus, 24, 25, 29, 33, 35,
39 (Foto Elfriede Broneder, Wien), 41, 42/43 (Fotos Franz Josef Rüdel, Hamburg),
46, 47, 49, 51, 52, 57 (Foto Werner Menzendorf, Berlin), 60 (Foto Wolfgang Stein-
brink, Berlin), 61, 62 (Foto Li Erben, München), 63, 65, 67, 71, 73, 74, 75
(Foto Arthur Grimm, Berlin), 77, 80 (Foto Kurt Huhle, München),
81, 90, 91, 94, 95, 96 (Foto Roberto Ferrantini, Rom), 97 (Foto Karl Reinbothe,
Baden-Baden), 98, 99, 102 (Foto Arthur Grimm, Berlin), 104, 106 (Foto Schorr/
Aufdembrinke, Köln), 107, 114 (Euro-Studio/Konzertdirektion Landgraf,
Titisee, Neustadt).

Deutsches Theatermuseum, München: 21 (Archiv Hildegard Steinmetz),
40 (Archiv Ilse Buhs/Jürgen Remmler), 58/59 (Archiv Hildegard Steinmetz),
88/89 (Archiv Rudolf Betz); dpa, Bildarchiv München: 111 – 113;
Filmdokumentationszentrum, Wien: 19, 20, 26 – 28, 30, 31, 34, 36 – 38, 48, 50,
64, 66, 72, 76, 93, 109, 110; Dirk Hentschel, Flensburg: 105;
HIPP-Foto, Berlin: 79; Archiv Dr. Karkosch, Gilching bei München: 32, 44, 45;
Nobelpress, Berlin: 3, 78; Josef Palffy, Wien: 100; Erwin Schneider, München: 87;
Alfred Strobel, München: 82; STERN (Foto Moldvay), Hamburg: 92;
Klaus Tietel, München: 86; Lothar Winkler, Berlin: 14 – 16, 53 – 56, 68 – 70,
83 – 85, 101, 103, 108.

Der Verlag konnte in einzelnen Fällen die Inhaber der Rechte nicht ausfindig machen.
Er bittet, ihm bestehende Ansprüche mitzuteilen.

Bei den Bildunterschriften bezeichnen die Jahreszahlen den Kinostart.

Seite 2: 1 *Als Toni in Alfred Weidenmanns zweiteiligem Film »Buddenbrooks«,
1958, nach Thomas Manns Roman, meinem Lieblingsbuch*; Seite 6: 2 *Werbefoto
TELDEC*

INHALT

DER SAMICHLAUS

Schon als kleines Lausemädchen hatte ich vor St. Nikolaus (in der Schweiz heisst er Samichlaus) keinerlei Angst, sondern liebte ihn heiss und respektlos, in welcher Verkleidung er auch auftrat.

Als ich etwa fünf Jahre alt war und am Clausentag beide rote Lederstiefelchen, die mein ganzer Stolz waren, besonders reichlich und lecker bis zum Rand gefüllt worden waren, öffnete sich plötzlich die Tür und meine Mama polterte in furchterregender Samichlausverkleidung ins Zimmer, hustete, drohte mit dem

3 *»Papa, es läutet in meinem Ohr. Hörst du's?« Mit meinen Geschwistern Emanuel (»Buebi«), Corinne und unserem Vater, 1930*

11

Finger und sprach mit heiserem Bass: »Ja, Liselottli, bist du denn immer brav gewesen letztes Jahr und hast du zuhause deinen lieben Eltern fein gehorcht?«

Ohne einen Moment zu zögern rief das Liselottli laut und vernehmlich: »Ja, ich gehorche schon, aber die Mama, die gehorcht eben nie und tut nicht, was sie soll!«

Mama verließ unter Lachkrämpfen schleunigst das Zimmer.

4 Mama, 1939

5 Zeichnung meines Vaters auf einer Postkarte aus den dreißiger Jahren

12

Heute ist es umgekehrt. Heute bin ich der dicke Samichlaus. Das letzte Mal, als ich mich in gewaltiger Verkleidung vor einem Patenkind aufgebaut hatte und mit drohendem Wackeln meines mühsam geklebten Bartes eine eindrucksvolle Predigt beginnen wollte, krähte mein Patenkind freudestrahlend: »Salü, Tante Liselott.«

HAZY

Rolf Erich Osterwalder, geboren am 18. Februar 1922 in Bern, war fünfundsiebzig geworden. Heute, am 19. Dezember 1997, fand in Luzern im Hotel Union eine Überraschungssendung statt mit dem Titel »Danke Hazy«.

Hazy – so nannten ihn seine Eltern als Kind – Osterwalder verlor eine Silbe, und fertig war sein Künstlername. Hazy Osterwald wurde zum Begriff: Musiker, Bandleader mit Musikverlag, Großunternehmer, Weltstar. Wohnort Luzern, Hotel National, direkt am Vierwaldstättersee, wo er sich seit Jahren mit seiner dritten Frau Eleonore niedergelassen hatte.

Ich hatte schon seit Monaten zugesagt, aus dem Buch *Die Hazy Osterwald Story* von Walter Grieder etwas vorzulesen. Bei einem anderen Kollegen hätte ich mich vielleicht so kurz vor Weihnachten gedrückt – aber Hazy, das war etwas anderes.

Sein Name war untrennbar mit meiner Jugendzeit in Bern verbunden. Er spielte im »Gymer Orchester« des Berner Gymnasiums, genannt »Black Clan Orchestra«, später nach Abschluss der Matura im Hotel Bellevue bei Fred Böhler und Teddy Stauffer.

Wir Schulmädchen der Sekundarschule Monbijou hatten nur Gymnasiasten im Kopf und versäumten keine Gelegenheit, ihnen im Rohr, am Loebecken, im Aarebad oder in einem Café zufällig über den Weg zu laufen.

Hazy war natürlich unerreichbar, denn er war zu alt. Als er die

Gegenüberliegende Seite ▶
6 Ich stand schon immer in der Zeitung: Mit meiner Freundin
Elisabeth Ruff bei einem Kostümfest im KaWeDe-Wellenbad in Bern, Frühjahr 1944

14

7/8 *Heute noch wie vor sechzig Jahren:*
Mein Elternhaus am Malerweg in Bern

Matura machte, war er neunzehn und ich erst zwölf. Aber wenn ich von Karo, Bubi oder einem anderen Bijou zu einem Gymerball eingeladen wurde, und die fanden meistens im Hotel Bellevue statt, stand er mit seiner Trompete in der vordersten Reihe des Orchesters, sah aus wie Glenn Miller und spielte auch so.

»Solitude«, »Georgia«, »Blues in the Night«, »Smooth One«, »Sentimental Journey«, »Moonlight Serenade«, »One O'Clock Jump«, »Stardust«, Bebop, Jitterbug, Slowfox ... Angeschmiegt an die jungen, starken Männerschultern schwebte ich fast jedes Wochenende mit roten Lippen und Fingernägeln, Entwarnungsfrisur und künstlichem Busen über die Tanzböden der bernischen Festsäle.

Diese Nächte mit den berauschenden Klängen leidenschaft-

16

licher Trompeten, sehnsüchtiger Saxophone, vorwitziger Klarinetten und schluchzender Klaviere raubten mir die Besinnung und lösen heute noch gewaltige Liebeslust und -leidgefühle bei mir aus. Auch diesmal zögerte ich keinen Augenblick, mich in ein solches Big-Band-Bad zu stürzen.

Die Proben für *Danke Hazy* begannen nachmittags um vierzehn Uhr. Ich war in Hochform, hatte bis zehn geschlafen und ein leicht geschwollenes Gesicht von einer Cortisonspritze, die ich gegen mein Ischiasbein bekommen hatte. Dadurch hatte ich keine einzige Falte mehr im Gesicht und erntete von allen Seiten nie dagewesene Komplimente.

Im Hotel Union lief ich gleich Paul Kuhn und Horst Jankowski über den Weg, beide unerreichte, lässig perlende Jazzpianisten, die ich von früher gut kannte. Ich begrüßte die Moderatoren Kurt Felix, Paola, Christine Meyer und alberte mit Victor Giacobbo sowie Konrad Toenz von *Aktenzeichen: XY … ungelöst* herum, die abwechselnd auf meine Tasche aufpassten, als ich eingeleuchtet wurde.

Die Sendung um zwanzig Uhr war ein Riesenereignis. Die gesamte Zürcher Prominenz war erschienen: der Vizedirektor von DRS, Markus Stoecklin, der selber aussah wie ein Filmstar, Hazys vollzähliges Sextett aus den fünfziger Jahren, die legendären Bandleader Horst Jankowski, Max Greger, Paul Kuhn, Kurt Bong mit den Entertainern, Erwin Lehn vom Stuttgarter Tanzorchester und Pepe Lienhard, der zum Aufwärmen einen solchen Fanfarenwirbel abfeuerte, dass es einem ganz plümerant wurde vor Begeisterung.

Kurt Felix beleuchtete Hazys Höhen und Tiefen locker und witzig, berührte den Tod seiner ersten Frau Katja, über die ich das verliebte Kapitel vorzulesen hatte, nur am Rande, ebenso die Scheidung von der zweiten Frau, Ema, die beinahe den Untergang von Hazyland, Musikverlag und Sextett verursacht hatte.

»Stimmt es, dass du nur noch deine Trompete hattest?«, fragte Kurt Felix.

»Nein«, antwortete Hazy, »ich hatte noch ein Akkordeon.«

1985 heiratete er seine dritte Frau, Eleonore Schmid, und stürzte sich aufs Neue ins Showgeschäft. In Monte Carlo übernahm er das Orchester des Sporting Clubs, trat in unzähligen Fernsehshows auf und reiste um die ganze Welt. Seine Bilanz: 100000 Stunden vor der Kamera, fünf Millionen Reisekilometer, 10000 mal »Kriminaltango«, Millionen verkaufte Schallplatten.

Der Höhepunkt des Abends bestand im Auftritt der sieben Bandleader Horst Jankowski, Erwin Lehn, Max Greger, Paul Kuhn, Willi Schmidt, Kurt Bong, Pepe Lienhard und Hazys viel bejubelter improvisierter Vibraphoneinlage. Sie spielten »Airmail Special«, und schmetterten ein solches Solistengewitter in den Saal, dass das Publikum aufsprang, klatschte, johlte und in Beifallsstürme ausbrach, bis das ganze Hotel zusammenzustürzen drohte. Ein noch furioseres Dakapo verwandelte den ehrwürdigen Konzertsaal in einen Hexenkessel, wurde dann aber aus der Sendung herausgeschnitten.

Fast unübersehbar war die Schar der berühmten Gratulanten, die Hazy ein Ständchen oder wenigstens ein Küsschen präsentierten. Peter Räber, Bill Ramsey, Peggy March, Silvio Francesco, Bibi Johns, Lys Assia, alle mit liebevoll erfundenen Schmunzeltexten sowie ganz besonders witzigen Glückwünschen von Bundesrat Kaspar Villiger und dem Berner Stadtpräsidenten Dr. Klaus Baumgartner. Am Schluss wurden Victor Giacobbo als leicht vertrottelter Wüterich von Konrad Toenz als Mörder des »Kriminaltangos« vor- und wieder abgeführt.

Es war sicher eine der besten Sendungen des Schweizer Fernsehens überhaupt, und ich war stolz, dabei gewesen zu sein. Für ein paar Minuten war ich sogar ungewollt Mittelpunkt des Interesses. Beim Aufmarsch am Schluss des ersten Durchlaufs fiel ich von der Bühne in ein Loch. Es war genau wie bei der Generalprobe von *Clavigo* 1949 in Bern – keine Bretter auf der Seite, nur ein schwarzes Tuch. Ich verschwand wie in einer Versenkung, merkte aber sofort, es war nichts passiert. Die Kollegen stürzten mir schreckensbleich zu Hilfe, und ich fragte mich, warum immer mir solche Extrawürste zustießen, denn außer mir fiel niemand hinein.

9 *Modefoto 1950: Reizwäsche*

DER STUDEBAKER

Früher war der
Studebaker
Ganz ein schneller
Unterteller.
Knallrot blitzend,
Feurig flitzend,
Voller Rasse,
Große Klasse.
Unterdessen
Rostzerfressen,
Ungestrichen
Und verblichen
Steht er müßig
Und plattfüßig
In der Ecke
Ohne Zwecke.
Außen scheckig,
Innen speckig,
Voller Kratzer,
Parkplatzpatzer,
Hofft er leise
Auf 'ne Reise.

In den vierziger und fünfziger Jahren fuhren in der Schweiz hauptsächlich Amerikaner herum. Wahrscheinlich waren diese Autos einfach billiger als die europäischen Marken.

Furore machte nach dem Krieg der Studebaker, der seine seriösen Konkurrenten Ford, Chevrolet, Buick, Packard, Cadillac durch ungewöhnliche Farben und Formen aus dem Rennen warf.

Mein damaliger Schwarm, ein Berner Chirurg, hatte auch einen. Er sah aus wie ein Schiff (der Studebaker), knallrot, vorne gleich wie hinten, rundherum mit lukenartigen Fenstern ausgestattet.

Einen solchen Traum zu besitzen, daran wagte ich gar nicht zu denken. Zwar konnte ich mir als ersten Untersatz nur eine Occasion leisten, einen Citroën 11. Aber 1953, nach meinem neunten Film, es war *Ich und Du* mit Hardy Krüger, legte ich meine gesamten Ersparnisse auf den Tisch des Hauses Studebaker in Zürich: Fr. 16000 inklusive Rabatt für die Vorjahresbremsen.

Coca-Cola-Designer Lewy hatte dieses allerneueste Luxusmodell entworfen, ein flaches, langgestrecktes Ufo, das überall, wo es parkte, sofort von Neugierigen umringt wurde. Ich entschied mich für den zweitürigen Champion, Coupé, tomatenrot mit weißem Dach, sechs Zylindern, vierzehn Steuer-PS, versenkbaren

10 Er war leider auch verheiratet: Mit Hardy Krüger in »Ich und Du«, 1953

11 *Der Studi und Familie Pulver, 1954*

Scheiben, Weißwandreifen, Overdrive. Zweiter und dritter Gang hatten einen Kickdown, mit Rückwärtsgang also sechs Gänge. Bei Tempo vierzig fiel der Schnellgang heraus und war im Leerlauf ohne Kompression. Das war zu berücksichtigen, denn am Berg musste man den Hebel neben der Heizung herausziehen, dann war normale Steuerradschaltung.

Es war wirklich der letzte Schrei. Jeder schweizerische Autonarr liebäugelte mit dem Studi, wie er verschwörerisch genannt wurde: Regisseur Leopold Lindtberg, Kameramann Emil Berna von der Praesens Film in Zürich besaßen einen, Vico Torriani – und jetzt ich!

Vico! Er hatte genau dasselbe Modell wie ich, aber in Hellblau. Eines Tages sah ich Vicos Studi auf dem Filmgelände der Münchner Bavaria vor der Feuerwache stehen. Vico war ausgestiegen und nirgendwo zu erblicken. Ich hatte gerade nichts zu tun und schlich mich unauffällig heran. Der Schüssel steckte, ich setzte mich ans Steuer, fuhr den blauen Flitzer hinter das Haus und den roten auf Vicos Parkplatz.

Drei Minuten dauerte das grausame Spiel. Ich konnte mich noch rechtzeitig hinter einer Mauer verstecken, und schon erschien Vico am Eingang der Baracke.

Keine Reaktion. Überhaupt keine. War er farbenblind? Er stand da wie einbetoniert, dann öffnete er die Wagentür und begann so zu lachen, dass die ehrwürdigen Filmkulissen wackelten.

Neugierig schlenderte ich aus meinem Versteck hervor.

»›Nicht in den Wagen spucken‹, Lilo«, rief Vico mir zu und zeigte auf das original geklaute Tramschild zwischen den beiden Vordersitzen. »Wollen wir tauschen?«

»Warum willst du tauschen?«, kicherte ich scheinheilig.

»›Spülen bitte‹, ›Nicht hinauslehnen‹, ›Schaukeln verboten‹«, grinste er, »deine Verkehrsschilder sind mehr wert als der ganze Wagen.«

Das war nur der Anfang seiner vierrädrigen Lümmelgeschichte.

Sicher war, er hatte eine Seele. Er konnte denken und Entscheidungen treffen. Von sechs schweren Unfällen endeten alle außer einem lediglich mit Blechschäden. Karosserie und Fahrgestell waren so schwer, dass ihn nichts aus dem Gleichgewicht zu bringen schien.

Auf einer Fahrt von Zürich nach Bern, ich saß auf dem Beifahrersitz, mussten wir bei hundert Sachen einem Fahrrad ausweichen, das vor unserer Nase die Fahrbahn überquerte. Ungebremste Linkskurve in einen Kartoffelacker. Der Wagen stand neben einem Apfelbaum im Dreck wie ein Pflug, der Bauer hielt sich erstaunt an seinem Fahrrad fest, und im Deckel des Kofferraums steckte seine Sense. Es war nichts passiert.

Auf derselben Strecke knallte ein Mopedfahrer in sein Hinterteil und eine Woche später, kurz vor Arosa, ein Sportwagen in sein Vorderteil. Von da an musste man in Rechtskurven hie und da die linke Tür festhalten, damit sie nicht aufging oder abfiel.

Er war übrigens öfters nicht einverstanden mit meinen Fahrgästen. Bei Nachtaufnahmen rettete er mich vor einem allzu zärtlichen Partner, der sich bei mir im Wageninneren aufwärmen wollte, und hupte so lange, bis die Feuerwehr kam. Gelegentlich spuckte er den Fahrgästen den glühenden Zigarettenanzünder auf die Hosen oder er entleerte den Inhalt der Scheibenwischanlage auf ihre Füße.

Als ich eines Tages keine Lust hatte, jemanden zum Flughafen zu fahren, blieb er schon auf der ersten Kreuzung stehen und sprang nicht mehr an.

Apropos Kreuzung. In München gab es einen Verletzten. Ich hatte den Studi in Riem untergestellt und fuhr nach einem stundenlang verspäteten Flug um Mitternacht heimzu. An der Von-der-Tannstraße, einer großen Kreuzung in der Innenstadt, schaute ich links rechts, links rechts, bog ab und hatte plötzlich einen Motorradfahrer auf der Kühlerhaube. Er brach sich einen Fuß. Es war ein Bundeswehrsoldat. Ich war schuld. Schrecklich. Ich brachte ihm Blumen ins Krankenhaus.

Heute, im Jahr 2000, ist der Studi siebenundvierzig Jahre alt und macht immer noch die Straßen unsicher. Inzwischen gibt es überhaupt nichts mehr, was nicht irgendwann einmal kaputt war, außer dem Dach.

Vor einigen Monaten konnte ich ihn nicht mehr anhalten. Beim Verlassen der Garage glaubte ich, das Bremspedal mit der Kupplung verwechselt zu haben. Der rechte Fuß trat ins Leere, und dass man mit dem Gaspedal nicht bremsen kann, merkte ich auch gleich. Mit der Handbremse brachte ich meinen Opa zum Stehen, ohne einen einzigen Kratzer.

24

Die Ersatzteile waren schwer zu beschaffen. Nach etwa einem halben Jahr rief ich die Werkstatt an, die ihn abgeholt hatte, wann ich so ungefähr annähernd mit dem Studi rechnen könne.

Der Garagist räusperte sich, machte eine Pause und lachte erst mal von Herzen. Dann kam's: »Die Garage ist abgebrannt. Ihr Studebaker wurde gerettet – er steht jetzt in Genf im Automuseum.«

Inzwischen blinzelt er aber wieder zu Hause aus seiner Garage in die Sonne.

Vom Knecht zum General

Er wurde am 9. September 1926 in Locarno geboren und war, wie die Überschrift in einer Illustrierten verkündete, »schon früh am Ball«.

Hannes Schmidhauser. Mit fünfzehn Jahren beim FC Locarno, dann beim FC Lugano, bei den Young Fellows Zürich und schließlich Captain der Schweiz. Nationalmannschaft. Gleichzeitig nahm er Schauspielunterricht und spielte am Schauspielhaus Zürich und am Stadttheater Konstanz unter Heinz Hilpert große Rollen. Damit wurde er zum beliebtesten und bestaussehenden Schweizer der fünfziger und sechziger Jahre.

Der blonde Supermann fiel natürlich nicht nur den weiblichen Heerscharen in den Fußballstadien auf, sondern auch dem bekanntesten Schweizer Filmregisseur, Franz Schnyder. Er besetzte ihn in seinen zwei legendären Filmen *Uli der Knecht* und *Uli der Pächter* nach Jeremias Gotthelf mit der Titelrolle, und ich durfte das Vreneli spielen. Uli, der Lumpenknecht, Saufkumpan und Weiberheld, heiratet das sanfte und zugleich entschlossene Vreneli und erkämpft sich mit ihm Glück und Wohlstand.

Hannes war einer der wenigen Partner meiner langen Theater-, Film- und Fernsehzeit, dem ich immer wieder begegnete. Sei es bei Reportagen, Freilichtaufführungen oder Preisverleihungen der Ulifilme, bei denen wir gemeinsam ausgezeichnet wurden, zum Beispiel erhielten wir 1993 in Locarno den Pardino und 1999 in Zürich den Prix Walo. Oder bei dem Riesenfest, das er im Bergün, wo er gerade drehte, zu meinem vierundsechzigsten Geburtstag veranstaltete, und der Einladung auf die Insel Mainau 1994, die

12 *Mit Hannes Schmidhauser in dem Schweizer Film »Uli der Knecht«, 1954*

zu einer dicken Freundschaft mit Graf und Gräfin Bernadotte führte.

Zuletzt trafen wir uns am 30. Mai 1999 bei einer Gala zugunsten der Kosovoflüchtlinge in Zürich. Er erzählte von seinem Film über General Sutter, den er gerade in Hollywood gedreht hatte. »Du musst unbedingt am 24. März 2000 zur Premiere nach Burgdorf kommen«, rief er mir mit leuchtenden Augen zu.

Sie fand ohne ihn statt. Hannes war zwei Monate vorher an einem Herzinfarkt gestorben. Die Premiere wurde gleichzeitig zu seiner Gedenkfeier.

Ich saß neben seiner langjährigen Lebensgefährtin Madeleine und Walter Roderer, seinem treuesten Schauspielerkollegen. Es war mäuschenstill, als Madeleine vor Beginn der Filmvorführung über die Arbeit an seiner letzten Rolle berichtete und der Regisseur Benny Fasnacht voller Bewunderung die unerschütterliche Ruhe schilderte, mit der Hannes unter schwierigsten Bedingungen seine seitenlangen Textberge abgeliefert hatte. Und wie er immer mehr zum General Sutter geworden war.

Dem Mann, der den Wilden Westen Amerikas besiedelte und bebaute – 197 Quadratkilometer unbekanntes und ungezähmtes Land.

Johann August Sutter kam 1803 in Kandern bei Basel zur Welt, machte nach der Schule eine kaufmännische Lehre und landete schließlich in einer Tuchhandlung in Burgdorf als Ladendiener. Dort heiratete er und wurde Vater von fünf Kindern. Er übernahm das Geschäft mit einem Partner, der ihn betrog und hielt sich nur so lange über Wasser, bis seine Schwiegermutter das Haus, in dem er wohnte, verkaufte. Nun bekam er auch keine Kredite mehr und der Schuldenberg wuchs ihm über den Kopf.

Im Mai 1834 verließ er die Schweiz und reiste überstürzt per Schiff von Le Havre nach New York, ohne sich von seiner Familie verabschieden zu können, denn er sah nur noch zwei Möglichkeiten: Flucht oder Bankrott.

In New York versuchte er sich zunächst als Stallbursche im Zirkus, als Hufschmied, Hafenarbeiter und Schriftsetzer. Nach sechs Monaten schloss er sich einer Gruppe von französischen und deutschen Baumwollhändlern an, verschaffte sich eine stolze Uniform und nannte sich ehemaliger Hauptmann der königlich französischen Schweizer Garde bei Karl X. und guter Freund von Napoleon III. Auch seinen Begleitern fehlte es nicht an Fantasie, der Spanier gab sich als Caballero, der Österreicher als Habsburger aus.

Im April 1838 reiste er mit zwei Gehilfen über die Sandwich-Inseln nach Kalifornien. Fünfzehn Monate war er unterwegs, bis er am 1. Juli 1839 in Yerba Buena an der Mündung des Sacramento River eintraf, dem späteren San Francisco. Am 1. August, dem schweizerischen Nationalfeiertag, startete er mit einer kleinen Flotte und großen Krediten des kalifornischen Gouverneurs Juan Batista Alvarado ins Landesinnere, einem wilden, gefährlichen Gebiet.

Nach zwölf Tagen landete er dort, wo sich der American River verzweigt, baute mit den einheimischen Indianern die ersten Hütten und nannte diesen Ort Neu-Helvetien. Nach einem Jahr erhielt er von Alvarado die riesigen Sacramento-Ländereien und wurde zum mexikanischen Staatsbürger ernannt: Señor Juan Augusto Sutter. 1200 Äcker mit Weizen und Gerste, dreißig Pflüge, Tausende von Rindern und Pferden gehörten jetzt ihm.

General Sutter war ein populärer Mann. Er beschäftigte über sechshundert Arbeiter, kümmerte sich um die Einwanderer, sorgte für Ordnung und war berühmt für seine rauschenden Feste mit mindestens dreihundert Gästen, für die er ganze Schiffsladungen von Zigarren, französischen Weinen und Parfums auffahren ließ.

Es gab sogar einen Krieg ohne einen einzigen Schuss, der am 13. Januar 1847 mit dem Friedensvertrag von Cahuenga endete und Kalifornien die Aufnahme in die amerikanische Union ermöglichte. Es war ein großer Tag und zugleich die unvorhergesehene Wende.

Am 24. Januar 1848 ließ sich Zimmermann Marshall, der ein neues Sägewerk in Coloma zu überwachen hatte, bei General Sutter melden. Nach einem Gewaltritt in Sturm und Regen schleuderte er ihm atemlos vor Erschöpfung und Aufregung die ungeheure Sensation ins Gesicht: Gold! Er hatte Gold gefunden! Sutter hatte schon vor Jahren davon gehört und sah keinen Grund zur Eile. Er glaubte, das Wunder geheimhalten zu können.

Das wurde ihm zum Verhängnis. Nach drei Wochen hatte sich die Kunde wie ein Lauffeuer ausgebreitet. Die Arbeiter verließen ihn, die Ställe und Werkstätten standen leer, die Ernten verdorrten. Abenteurer und Goldsucher überschwemmten das Land. Mord und Totschlag, Diebstähle, Überfälle waren an der Tagesordnung. Die Vernichtung Neu-Helvetiens hatte begonnen.

Fast ebenso schwerwiegend wirkte sich die gleichzeitige Gründung von drei Dampferlinien aus: New York – Liverpool, New York – Panama, Kalifornien – Oregon. Ein riesiger Menschenstrom überschwemmte Sutters Besitz – die größte Völkerwanderung der damaligen Zeit.

Die Mannschaften der Schiffe desertierten. Sechshundert verlassene Schiffe lagen im Hafen von San Francisco, sie hatten 40000 Menschen ausgespuckt. Washington erklärte alle erteilten Rechte und Bewilligungen für ungültig und öffnete damit den Räuberhorden Tür und Tor, das Land auszuplündern und zu verwüsten. Sutters Reich verödete und mit ihm er selbst.

Im August 1848 schien sich ihm das Glück noch einmal zuzuwenden. Sein Sohn August traf in San Francisco ein, versöhnte sich mit dem Vater, zahlte seine Schulden zurück und versuchte, den Goldjägern wenigstens einen Teil des Riesenbesitzes wieder zu entreißen. Vater und Sohn wollten eine neue Stadt gründen. Sutter schlug die südliche Seite des Landes vor, aber der Sohn ließ im Norden bauen. Und er nannte den Ort nicht Sutterville, wie der General es wünschte, sondern Sacramento.

Unterdessen ging der Bürgerkrieg zu Ende. General Sutter ließ Frau und Kinder nach Amerika kommen und zog mit ihnen nach Lititz, Pennsylvania. Sie wohnten im Hotel.

Sutter kämpfte vierzehn Jahre in Washington um sein Recht. Aber das amerikanische Bundesgericht entschied, dass zwei Drittel des Landes ihm gar nicht gehört hätten und weigerte sich, eine Wiedergutmachung zu gewähren. Alles, was er erreichte, waren

250 Dollar im Monat, die ihm die kalifornische Regierung zusprach. Sein Haus auf Hockfarm wurde angezündet, ebenso dasjenige seines Freundes Buser in Burgdorf, sämtliche Dokumente und Beweise für den Prozess wurden ein Raub der Flammen.

Am 18. Juni 1880 starb General Sutter in Washington, ohne rehabilitiert worden zu sein.

Minutenlanger Applaus rauschte durch den vollbesetzten Kinosaal, als die Schlussmusik einsetzte. Alle waren sich einig, Hannes hatte seine Laufbahn mit einer Meisterleistung beendet.

Nach längerem Blitzlichtgewitter im Foyer wurden Zuschauer, Stadtväter und Angehörige in einem ehrwürdigen alten Postauto von einem jodelnden Chauffeur nach Heimiswil in den »Löwen« geschaukelt, wo das Abschiedsessen stattfand. Vor dem festlich beleuchteten Gasthof erscholl ein letzter Juchzer des weißhaarigen Fahrers, dann betätigte er das Posthorn, dass das ganze Emmental erzitterte, und die Passagiere ergossen sich in das alte Wirtshaus, wo wir vor sechsundvierzig Jahren die große Liebesszene zwischen Uli und Vreneli gedreht hatten.

Bei Schinken, Kartoffelsalat und köstlichem Landwein diskutierte man nochmals über den Film, über Hannes, den tragikumwitterten General Sutter und die traurige Rolle, welche die amerikanische Regierung während der Zeit des Goldrauschs gespielt hatte. Irgendjemand meinte zu vorgerückter Stunde: »Die Schweiz wurde 1998 von Amerika als Kriegsgewinnlerin und Nazigoldzentrale gebrandmarkt. Sie hat inzwischen einige Milliarden Wiedergutmachung gezahlt. Wie wär's, wenn Amerika der Schweiz Kalifornien zurückgäbe?«

ABERGLAUBE, ZEICHEN UND WUNDER

Aberglaube:

»Der Glaube an das wahrnehmbare Wirken magischer Kräfte. Schutzstreben durch Abwehrzauber, Erforschung der Zukunft. Vorstellung, dass Naturgeschehen und menschliches Leben unmittelbar zusammenhängen. Anschauungen und Bräuche verschiedenster Zeiten, Kulturen und Völker.«
Abgekürzter Brockhaus.

Plumps machte es vor mir im Gras. Da ist was gefallen, dachte ich und schaute, was von den verschiedenen Gegenständen, die ich mit mir herumtrug, fehlte.

Es war mein Siegelring. Da lag er vor mir im Gras und glänzte in der Sonne. Ich hob ihn auf, steckte ihn an den kleinen Finger und vergaß die Geschichte.

Ein paar Tage später fuhren mein Mann Helmut und ich nach Deutschland. Wir waren bei Bern gerade auf die Autobahn nach Zürich eingebogen, vielleicht fünfhundert Meter nach der Einfahrt. Ich saß auf dem Beifahrersitz, hatte Schokoladenpapier in der Hand und überlegte, wohin damit? Dann drehte ich die Scheibe ein wenig herunter, ließ das Papier wegfliegen, eigentlich tut man das nicht, drehte die Scheibe wieder hinauf, klemmte mir die rechte Hand ein, riss sie zurück – der Ring, durchfuhr es mich.

Der Ring! Weggeflogen bei fast hundert Stundenkilometern.

Wir hielten sofort an und begannen den Straßenrand abzusuchen. Natürlich umsonst. Da lag er wieder irgendwo im Gras und glänzte in der Sonne. Aber niemand hob ihn auf.

Das war ein klassischer Fall von Duplizität. Das erste Mal geht es noch gut, das zweite Mal nicht mehr.

Ahnung? Warnung? Aberglaube?

Natürlich diskutierte ich mit Helmut darüber. Er glaubte nicht an höhere Kräfte, die Missgeschicke oder Unfälle ankündigen.

»Das ist Zufall«, brummte er.

»Duplizität«, beharrte ich. »Zweimal dasselbe, es war eine Warnung!«

»Purer Aberglaube«, winkte er ab, »der Ring war dir einfach zu groß.«

Er schaltete das Radio ein und hörte Nachrichten. Für ihn war der Fall erledigt. Für mich nicht. Natürlich war ich ein wenig abergläubisch. Schwarze Katzen, zerbrochene Spiegel, verlorene Textbücher, die Dreizehn – in Wirklichkeit hatten sie keinen Einfluss auf eine Premiere oder auf einen sehnlichst erwarteten Anruf. Aber ich begegnete doch lieber einem Kaminkehrer oder einer Hochzeit.

Dasselbe galt auch für die Astrologie, die ich vorwiegend bei Liebeskummer und anderen Katastrophen konsultierte. Was hatten Sonne und Planeten, die Millionen von Lichtjahren von uns entfernt waren, mit uns Ameisen auf der Erde zu tun?

Aber die Duplizität. Das Zusammentreffen von Ereignissen. Die serienmäßigen Wiederholungen von Unfällen, Misserfolgen oder Glückssträhnen. Zufall? Warum hatte ich zweimal im selben Dorf einen Autounfall?

Warum musste das Flugzeug auf dem Hin- und auf dem Rückflug bei der Landung durchstarten?

Warum verletzte ich mich zweimal im selben Theaterstück so schwer, dass ich blutüberströmt von der Bühne wankte? 1965 spielte ich die »Dame vom Maxim« in Baden-Baden, schlug mit dem Fuß gegen eine Tischplatte und musste mit einem geplatzten Zeh ins Krankenhaus. 1979 sprang ich in Hamburg, ebenfalls als

Dame vom Maxim, wie auch sonst immer in den Kronleuchter und musste mit einem Loch im Kopf zum Arzt.

Eigentlich war bei all diesen Erlebnissen ja nichts passiert. Sonst würde ich nicht mehr darüber berichten.

Zeichen und Wunder:
»Vorgang, der dem gewöhnlichen Verlauf der Dinge oder den Naturgesetzen widerspricht.«
Ebenfalls Brockhaus.

1993. Es schien aussichtslos, die verlorene Kontaktlinse im Badezimmer wieder zu finden. Trotzdem bat ich das ungarische Zimmermädchen, dem ich auf dem Hotelgang begegnete, nochmals mit ihren jungen Augen nachzusehen und eilte mit ziemlicher Verspätung zu meinem Radiointerview in einer Sitzecke auf derselben Etage.

Schon nach fünf Minuten erschien das blonde Fräulein, auf deren Zeigefinger die Linse thronte. »Im Waschbecken«, strahlte sie.

Dort, wo ich mir seit gestern abend mindestens fünf- bis sechsmal die Hände gewaschen hatte.

Eine Woche später. Ich hatte in Ulm getankt und wunderte mich, dass der Wagen so penetrant nach Benzin roch.

Im Münchner Hotel Königshof wurde mein Gepäck ausgeladen.

»Gehört das Ihnen?«, fragte der Wagenmeister und überreichte mir den Tankdeckel.

Er war auf der Autobahn von Ulm bis München bei über hundertvierzig Stundenkilometern auf dem Dach mitgefahren.

Oktoberfest 1994. Ich schrieb mit meinem goldenen Füllfederhalter Autogramme auf dem Tisch eines überfüllten Bierzeltes und genoss die ausgelassene Stimmung mit meinen bayerischen Freunden. Auf dem Heimweg entdeckte ich den Verlust der Füllfeder. Ich fragte alle, die dabei gewesen waren, ob sie sie nicht vielleicht gesehen hätten.

Am nächsten Morgen jammerte ich meinem Tischnachbarn von gestern, der im selben Hotel wohnte, erneut die Ohren voll. Er verschwand, kam nach fünf Minuten wieder, griff in seine Westentasche und überreichte mir feierlich die kostbare Feder mit den Worten: »Sie lag unter dem Tisch vor meinen Füßen.«

November 1963. Reiterball im Hôtel des Bergues in Genf. Nach einer durchtanzten Nacht zog ich mich in mein Hotelzimmer zurück und bemerkte beim Abtakeln entsetzt, dass ich mein Brillantarmband nicht mehr am Handgelenk trug.

Ich zog mich wieder an und stürzte in die Hotelhalle hinunter, wo ich Bierbrauer Hess in die Arme lief beziehungsweise fiel. Er war sofort bereit, mit mir die vielen Tanzsäle durchzupflügen und die Stecknadel im Heuhaufen Lügen zu strafen. Mit dürrem Blick und kesser Lippe traten wir an die unzähligen, immer noch vollbesetzten Tische, verschwanden unter dem Tischtuch und lüfteten rücksichtslos Rock- und Hosensäume der Umsitzenden, worauf sich die inzwischen Aufgeklärten ebenfalls auf die Suche zwischen Stuhl- und anderen Beinen machten, wenn auch vielleicht aus anderen Gründen.

Während ich versuchte, einem mitfühlenden Herrn das Schmuckstück näher zu beschreiben, sah ich Herrn Hess unter einem der hinteren Tische verschwinden. Fast augenblicklich tauchte sein zerzauster Kopf wieder auf, dann der ganze, verwitterte Sheriff, in der rechten Hand zwischen Daumen und Zeigefinger ein blitzendes Gebilde hin- und herschwenkend wie einen Regenwurm. Mein Armband. Gefunden. Einfach so, im Gewimmel riesiger Ballsäle, unter einem von mindestens fünfzig Tischen –

zwischen Hunderten von Schuhen, Beinen und griffbereiten Händen...

Helmuts Hochzeitsgeschenk!

Am 14./15. November 1998 fand in Lausanne die Fünfzig-Jahrfeier der Schweizer Cinémathèque statt. Ich war auch eingeladen und steckte mir zum erstenmal den Bayerischen Verdienstorden an das Jackett.

Das Casino am Montbenon war brechend voll. Nach verschiedenen Ansprachen von Direktor Hervé Dumont, Syndic Jean-Jacques Schilt, Regierungsrat Charles-Louis Rochat und Bundesrätin Ruth Dreyfuss wurden einige Köstlichkeiten aus dem Filmarchiv vorgeführt, zum Beispiel ein Film von 1916 über den Kanton Wallis, wo man immer noch nicht wusste, dass der Erste Weltkrieg ausgebrochen war. Anschließend wurde man in einem Riesengewühl ins Foyer und von dort zum Buffet in die hinteren Räume geschoben. Ich hing mir meine Tasche über die Schulter, damit ich Teller und Gläser füllen und gleichzeitig die vielen berühmten Hände schütteln konnte.

Bei Anne-Marie Blanc, der populärsten schweizerischen Bühnen- und Filmschauspielerin, blieb ich hängen; sie sah bezaubernd jung und strahlend aus in ihrem hellblauen eleganten Kostüm mit duftiger Rüschenbluse und begrüßte mich in altvertrautem Berndeutsch.

Wir redeten über die goldenen Zeiten am Zürcher Schauspielhaus, wo wir zusammen engagiert waren, über erste Filmerfolge, Karrieren und Schicksale der Kollegen und lachten seit fünfzig Jahren immer noch über dieselben alten Theatergeschichten.

Doch mit des Geschickes Mächten ist kein ew'ger Bund zu flechten. Ein Blick in den Spiegel der Puderdose ließ mich vor Schreck erstarren.

Mein Jackenaufschlag gähnte öd und leer vor sich hin – der

Orden war weg. Mein glückliches Schnattern verstummte, alles war vorbei, die übermütige Stimmung verdorben, abgestürzt.

Ich verabschiedete mich eilig, ging mehrere Male an den Platten des Buffets vorbei, um die Auszeichnung wie durch ein Wunder vielleicht in einer Salatschüssel zu entdecken, suchte unter den Stühlen, auf den Gängen, im Kinosaal, berichtete Mr. Dumont und den dabeistehenden Oberhäuptern der belgischen, portugiesischen und polnischen Cinématheken von meinem Unglück, in der verzweifelten Hoffnung, sie hätten den Orden schon gefunden und griffbereit in ihrer Hosentasche. Da das nicht der Fall war, watete ich, keines Wortes mehr mächtig, in einem Wolkenbruch auf den Parkplatz und tuckerte mit dem triefenden Mercedes nach Hause.

Sechs Tage danach fuhr ich nach Baden-Baden und räumte meine beige Tasche in die goldene um, Etuis, Geldklammer, Autogramme, dazwischen Brosamen, Papierchen und so ein zusammengeknülltes Knäuelchen aus Stoff oder Plastik ... blauweiß: der Orden – hurra!

Also doch! Er war beim An- und Abhängen der Tasche in den Schlitz gefallen. Überall hatte ich gesucht, nur nicht da.

Der Ersatzknopf der Bayerischen Staatskanzlei kam wenige Tage später.

Nun hatte ich zwei.

Die meisten Vorbedeutungen verloren ihre Wirkung nach einiger Zeit, besonders, wenn sich die befürchteten Katastrophen nicht eingestellt hatten. Nicht so mit der Dreizehn. An diesem Tag kaufte ich nicht ein, schloss keine Verträge ab, ließ den Wagen nicht reparieren. Es hing vielleicht mit der von Jugend auf eingetrichterten Erkenntnis zusammen, dass nach dem vollen Dutzend nichts mehr zu kommen hat: die dreizehnte Fee in »Dornröschen«, der dreizehnte Monat, das dreizehnte Ei. Ererbte Informationen, die sich durch ständige Mundpropaganda bestätigten und festsetzten.

Zunächst strafte ich diesen Unsinn mit Verachtung, denn ich hatte noch keine schlechten Erfahrungen gemacht.

Im Januar 1954 hörte ich nachts auf der Königinstraße in München, wo ich in der Pension Morena wohnte, ein lautes Krachen. Am andern Morgen entdeckte ich die Bescherung: ein Autofahrer war in meinen Citroën gerumpelt, den ich vor dem Haus geparkt hatte.

Ich musste den Schaden melden: auf dem Polizeirevier 13, Isabellastraße 13.

Fünfundvierzig Jahre später. Autobahn Vevey-Lausanne. Ich fuhr mit etwa hundertzwanzig Stundenkilometer vorschriftsmäßiger Höchstgeschwindigkeit ganz entspannt heimzu. Es war nasskalt neblig, die Strecke kurvenreich und leicht ansteigend. Plötzlich, hinter einer Biegung, durch einen Brückenpfeiler verdeckt, sah ich mehrere Fahrzeuge kreuz und quer auf der Autobahn verstreut herumliegen. Ein zusammengedrückter roter Kleinwagen steckte in der linken Leitplanke, dahinter, mitten auf der Autobahn, stand einer quer, rechts außen kamen zwei oder drei gerade zum Stillstand.

Ich stieg auf die Bremse, sah gleich, es reichte nicht mehr, konnte aber den ersten Wagen umfahren, es fehlten nur einige Zentimeter, doch leider war noch einer daneben, ich riss das Steuer herum, überdrehte, rutschte wie auf Glatteis ein paar Meter geradeaus, dachte, es sei überstanden, doch nun begann der Wagen zu schleudern, nach links, nach rechts, hin und her, drehte sich, ich sah die rechte Leitplanke auf mich zukommen, duckte mich, schloss die Augen und dachte: Jetzt kracht's.

Ich stand. Nichts. Kein Schlag, kein Knall, kein Kratzer. Absolute Stille. Ich öffnete die Augen: ich befand mich auf der rechten Straßenseite, aber in umgekehrter Richtung. Der Motor lief noch.

Niemand nahm Notiz von mir. Ich blieb sitzen und betrachtete das Chaos auf der Autobahn. Gerade raste ein Pkw mit ohrenbetäubendem Getöse in das Wrack auf der linken Straßenseite. Glassplitter, Metallteile und Hunderte von weißen Papierseiten flogen durch die Luft und bedeckten die ganze Autobahn.

Ich stieg aus und bat den Fahrer des hinter mir stehenden Autos, den Verkehr aufzuhalten, damit ich wenden konnte. Von seiner Begleiterin erfuhr ich, dass die Massenkollision von der Ölspur eines Busses ausgelöst worden war.

Außer einem leichten Knieschlotter hatte ich keine Reaktion. Es war so schnell gegangen, dass ich keine Zeit hatte, Angst zu bekommen.

Ich wusste auch nicht, wie es möglich war, dass ich kein einziges von den herumstehenden Autos berührt hatte.

War es Glück oder Unglück?

Es war ein Wunder!

»GLÜCK«

Dieses Hauptwerk von Carl Hilty beginnt mit dem Satz: »Die Kunst des Arbeitens ist die wichtigste aller Künste.«

Professor Carl Hilty (1833–1909) war Professor für Staats- und Völkerrecht an der Universität Bern, erster Vertreter der Schweiz am internationalen Schiedsgericht im Haag, Nationalrat, Oberauditor der Schweizerz Armee, politischer Denker, Kulturhistoriker, Moralschriftsteller und christlicher Laienprediger.

Als junger Leseratte waren mir diese Bücher zu religiös, aber je älter ich wurde, desto häufiger begann ich über diesen großen Eidgenossen nachzudenken. Hauptsächlich natürlich, weil er einer von Papas Lieblingsschriftstellern war.

Im Mai 1999 wurde mir ein Prospekt seines Biografen Kaspar Rhyner-Schwarz zugeschickt, und ich begann mich aufs Neue mit dem Professor zu beschäftigen.

Er entstammte einem alten Geschlecht der Gemeinde Grabs im Kanton St. Gallen, das schon vor 1500 das Bürgerrecht des Städtchens Werdenberg besaß. Nach seinem Jurastudium in Göttingen und Heidelberg, Reisen nach England und Paris nahm er 1874 den Lehrstuhl für Staatsrecht an der Universität Bern als Nachfolger Walter Munzingers an.

Carl Hiltys Hauptwerk *Glück* in drei

13 *Carl Hilty, 1870*

40

Bänden fand in ganz Europa großes Interesse, wurde in mehrere Sprachen übersetzt und in vielen Auflagen nachgedruckt. Der 1906 mit dem Friedensnobelpreis ausgezeichnete amerikanische Präsident Theodore Roosevelt und Konrad Adenauer gehörten zu seinen Lesern, der Schweizer Mediziner und ebenfalls Nobelpreisträger Theodor Kocher zu seinen Freunden.

Warum öffnete ich gerade jetzt den völlig abgegriffenen und zerlesenen Band mit dem rotverschnörkelten Titel *Glück* aus dem Jahr 1891?

Das Manuskript meines dritten Buches, dessen Ablieferungstermin beim Verlag drängte, war in unwegsamem Gelände stecken geblieben.

Woran lag es nur?

Die Antwort fand ich schon im ersten Kapitel mit der Überschrift »Die Kunst des Arbeitens«.

1. Fange mit dem an, was dir am leichtesten fällt, aber fange an!
2. Nicht die ganze Arbeit auf einmal erledigen wollen, sondern nur die heutige.
3. Die Arbeit nicht ganz erschöpfen wollen, so dass es nichts mehr zu sagen gibt.
4. Bei Ermüdung aufhören. Der Wechsel der Arbeit ist beinahe ebenso erfrischend wie die völlige Ruhe.
5. Kraft sparen. Keine unnützen Tätigkeiten vorschieben, wie zum Beispiel übermäßige Vorbereitungen, Zeitungslektüre, Polit- und Vereinstätigkeit.
6. Wiederholen. Fast jede geistige Arbeit erfasst anfänglich allgemeine Umrisse und wird beim zweiten Angriff erst verfeinert.

Mit diesem Aufsatz in den »Bündner Seminarblättern« versuchte Carl Hilty in den Schülern Lust und Geschick zur Arbeit zu entwickeln und sie zu veranlassen, ihren Willen rechtzeitig in den Dienst irgendeiner großen Sache zu stellen.

»Ohne Arbeit ist dem Menschen das wirkliche Glücksgefühl, das nicht nur ein Rausch ist, versagt.«

Folgende Tagesordnung empfahl er jedermann*:

Stehen Sie früh auf, nach dem sechzigsten Lebensjahr aber eine Stunde später und stets mit einem guten Gedanken oder Vorsatz. Nie mit Furcht oder Sorge vor dem, was der Tag bringen könnte, sondern mit festem Vertrauen auf Gott, nie mit Hass, Zorn oder Bitterkeit gegen irgendjemand auf Erden. Man sollte vielmehr alle schon am Abend vor dem Einschlafen amnestiert haben.

Zum Frühstück nehmen Sie Haferbrei, Tee mit leichtem Brot und niemals alkoholische Getränke am Vormittag. Dann widme man sich der strengsten Arbeit, das Hauptstück muss in zwei Absätzen, vielleicht mit einer Abwechslung im Gegenstand, bis gegen Mittag geleistet sein.

Vor dem Mittagessen folge ein Spaziergang in möglichst staubfreier Luft. Sie können damit die Atemgymnastik – lang einatmen und den Atem in zwei Absätzen ausstoßen – sinnvoll verbinden.

Zum Mittagsmahl genügt ein einziges Fleischgericht mit Gemüse oder Mehlspeise und vielleicht Obst zum Nachtisch.

Eine Tasse schwarzer Kaffee unmittelbar nachher und ein ganz kurzer Schlaf, mehr ein Schlummern, ist, für alte Leute wenigstens, zweckmäßig.

In der Mitte des Nachmittags bildet eine Tasse Tee eine Unterbrechung und auch eine sehr gute Gelegenheit zu geselliger Unterhaltung.

Gegen Abend folgt der zweite Spaziergang von wieder einer halben Stunde. Das Abendessen darf nicht später als (unter gewöhnlichen bürgerlichen Lebensverhältnissen) um zwanzig Uhr stattfinden und muss unabänderlich leicht und ohne Fleisch sein. Danach arbeite man am besten etwas Leichtes, das nicht großes

* in *Kranke Seelen*, 1907

42

Nachdenken beansprucht, soweit nicht der Abend, hie und da wenigstens, der Geselligkeit gewidmet ist, die sich aber (für ältere Leute) nie über 22 Uhr, bis höchstens 23 Uhr, ausdehnen sollte. Dann gehe man rasch schlafen, ohne Sorge für den morgigen Tag, und lese niemals im Bett. Einiges Papier und einen Bleistift aber müsse man in der Nähe haben für den Fall, dass einem in der Nacht oder am frühen Morgen etwas sehr Gutes einfällt.

Hiltys Hauptregel: Meiden Sie alle unnötige Anstrengung, die keinen Zweck, auch nicht als Übung der Kräfte, hat; aber weichen Sie keinen Pflichten aus. Das schadet Ihnen seelisch mehr, als es Ihnen körperlich nützen kann.

Auch die allerbeste Hygiene macht die Menschen noch nicht gesund und glücklich. Das wahrhaft gesunde Leben ist der Gottesglaube, im Gegensatz zu jeder Art von Materialismus oder Atheismus.

Die Seelenkraft kann die körperliche Kraft, die verloren gegangen schien, wieder beleben und selbst, wo das nicht geschieht, macht sie das Leiden erträglicher, indem sie es mit innerem Glück und Frieden umgibt.

Man kann gesund und sehr unglücklich sein – und krank, aber glücklich und zufrieden mit seinem Schicksal.

Der Kranke ist dann wie Saul, der seines Vaters Esel suchte, aber nicht ihn, sondern ein Königreich fand.

Heute ist man froh, wenn man nicht ein Königreich, sondern einen Esel findet, der einen aus unwegsamem Gelände zieht.

DIE UNDANKBARE GELIEBTE

Wie die meisten Deutschschweizer hatte ich den Ehrgeiz, akzentfreies Französisch zu sprechen. Ich las fleißig französische Dichter und Zeitungen, paukte Grammatik und Vokabeln. Das gut gemeinte Kompliment echter Franzosen, »Vous parlez très bien français«, erfüllte mich aber mit größter Bitterkeit, denn ich wollte nicht für eine gut französisch sprechende Ausländerin, sondern für eine Französin gehalten werden.

Es sollte mir nie gelingen. Obwohl ich meine französischen Rollen selbst sprach, blieb ein leiser schweizerischer Anklang, so dass ich meist als Elsässerin deklariert werden musste. Spätestens nach der Lektüre des »Spiegel«-Artikels über »Identitätsstörungen« gab ich meine diesbezüglichen Ambitionen auf.

Doch ich rächte mich an der undankbaren Geliebten, die mich mit ihrem funkelnd sprühenden Feuerwerk erst in Ekstase und dann unter eine eiskalte Dusche versetzte. Ich begann zu rebellieren; ich glaubte, einen Schönheitsfehler entdeckt zu haben. Dass Substantive wie »der Mond« oder »der Stern« im Französischen das Geschlecht wechseln und plötzlich weiblich sind (oder umgekehrt), ist eine Heimtücke, die allgemein bekannt ist. Dass aber dasselbe Wort mit denselben Buchstaben und derselben Bedeutung übernommen wird, aber statt weiblich einfach männlich ist oder statt männlich einfach weiblich, bedürfte eigentlich einer Aufklärung.

Ich legte eine Liste an und begann zu vergleichen, ob eine Gesetzmäßigkeit vorliege. Waren es Übersetzungsfehler? Und wenn, von wem? Etwa von den Franzosen, die ja immer alles anders machen müssen?

Zunächst fiel mir auf, dass es sich ausschließlich um Fremdwörter handelte:

die Garage – le garage; die Episode – un épisode; die Uniform – un uniforme; die Illustrierte – un illustré; die Quadrille – le quadrille; die Manege – le manège; die Zigarre – le cigar; die Vase – le vase; die Tuba – le tuba; die Gruppe – le groupe; die Kontrolle – le contrôle; die Bouillon – le bouillon; die Courage – le courage; die Etage – un étage; die Mikrobe – le microbe; die Kanone – le canon; die Tube – le tube; die Zeder – le cèdre; die Zitrone – le citron; die Melone – le melon; die Bilanz – le bilan;

der Salamander – la salamandre; der Dynamo – la dynamo; der Salat – la salade; der Planet – la planète ... usw.

Ich schrieb dem deutschen Sprachprofessor Lutz Mackensen, dessen *Traktat über Fremdwörter* ich voller Vergnügen gelesen hatte. Mit typisch norddeutschem, listig-trockenem Humor hatte er das hoffnungslos fachliche Thema so ironisch und witzig verpackt, dass es eher an eine literarische Glosse erinnerte als an eine wissenschaftliche Abhandlung.

Ich schrieb ihm also folgenden Brief:

Sehr geehrter Herr Professor,
nachdem ich Ihr *Traktat über Fremdwörter* zu Ende gelesen hatte, beschloss ich, an Sie zu schreiben, denn ich hätte nie gedacht, dass ein wissenschaftliches Buch auch unterhaltend sein kann. Ihr Traktat ist stellenweise sogar witzig, und die Sätze, über die ich am meisten gelacht habe, benütze ich bereits, um meine Gesprächspartner zu erschrecken. (»Wer als Kapitalist bezeichnet wird, muss argwöhnen, beschimpft worden zu sein!«)

Ich hatte großen Spaß, Ihr Buch zu lesen, aber außerdem finde ich, dass es nicht nur historische, sondern auch psychologische Zusammenhänge offenbart, die zumindest für mich überraschend sind. Dass Sie auch mal gegen die Lawine von Mode- und Werbefremdwörtern schießen, ist besonders erfreulich.

Der Hauptgrund aber, warum ich Ihnen schreibe, ist ein Sprachphänomen, das mich seit vielen Jahren beschäftigt und das mir bisher niemand erklären konnte. Sie behandeln es zwar in Ihrem *Traktat* kurz auf Seite 15, aber, bitte entschuldigen Sie, für mich nicht befriedigend: zum Beispiel ist es für mich ein Kuriosum, wenn genau das gleiche Fremdwort im Französischen männlich ist und im Deutschen weiblich (oder umgekehrt): un opéra – die Oper; le carosse – die Karosse; un uniforme – die Uniform; le groupe – die Gruppe!

Ich habe im Laufe der Zeit über zwei Dutzend Wörter gesammelt, die samt und sonders im Deutschen weiblich und im Französischen männlich sind (oder umgekehrt). Ich meine natürlich das *gleiche Wort* (nicht le soleil – die Sonne oder la lune – der Mond, denn da ändert der Gegenstand den Artikel, nicht das Wort).

Da ich Französisch praktisch so gut spreche wie Deutsch, fällt mir die willkürliche und ungerechtfertigte Änderung von Wortgeschlechtern täglich auf.

Wie soll ein Mensch eine Sprache erlernen, wenn der Lehrer ihm ohne Angabe von Gründen erklärt, dass man sich auf »die Kontrolle« nicht verlassen kann, weil man es in Frankreich mit »le contrôle« zu tun hat.

Sie haben meiner Meinung nach das Thema damit nicht erschöpft, wenn Sie auf Seite 15 erklären, man hätte »sich seit alters her wenig darum gekümmert, welches Geschlecht die herübergenommenen Wörter zu Hause hatten«.

Auch dass »le bouillon – die Bouillon« weiblich sei, weil auf die »Suppe« angespielt wird, ist nicht stichhaltig.

Woher kommen also die Fehler? Wer hat falsch übersetzt?

Können Sie vielleicht Licht in den Dschungel (la jungle) bringen?

Ich würde mich über eine Antwort sehr freuen, und bitte »argwöhnen Sie nicht, beschimpft worden zu sein«!

Mit sehr herzlichen Grüßen etc.

Die Antwort von Professor Mackensen kam postwendend:

Verehrte gnädige Frau!

Sie haben sich durch mein *Traktat* durchgearbeitet; schon dies verdient Anerkennung. Dass Sie es sogar stellenweise goutiert haben, stimmt mich ehrlich, wie man heute bei derartigen Konfessionen hinzuzusetzen pflegt – dankbar.

Das Problem, das Sie anrühren, ist durch ziemlich viele Einzelfälle zu belegen. Das grammatische Geschlecht ist für uns überhaupt oft unerklärbar, d. h. für unsereinen ein Ärgernis. Geschlechtswandel beruht meist (sehr oft) darauf, dass dem fremden Wort das Geschlecht eines älteren einheimischen, gleichbedeutenden Wortes untergeschoben wird. So schon lat. fenestra (fem.) – deutsch *das* Fenster (germ.), ein Wort neutralen Geschlechts wie »Augentor« im Gotischen oder »Windauge« (engl. window) in anderen germanischen Dialekten. Oder Plebs, von uns männlich gebraucht, im Lateinischen (plebs) weiblich – vermutlich Einwirkung von *der* Pöbel. Ähnlich *die* Kontrolle trotz französischem *le* contrôle, nach *die* Aufsicht, *die* Uniform trotz französischem *un* uniforme nach *die* Montur, *die* Karosse trotz französischem *le* carosse nach *die* Kutsche, *die* Gruppe trotz französischem *le* groupe nach *die* Abteilung oder *die* Einheit. Oper haben wir wohl aus dem Italienischen genommen *una* opera, und da mag die a-Endung uns (und den damaligen »Gebildeten« noch mehr als uns Heutigen) aus dem Lateinischen als weibliche Endung bekannt, ihren Einfluss ausgeübt haben. *Die* Bouillon trotz *le* bouillon ist natürlich von *der* Suppe beeinflusst worden. Und Dschungel haben wir – wie die Franzosen – vom Englischen, dessen Artikel *the* bekanntlich zu den schönsten Umwandlungen Anlass gibt. Übrigens handelt es sich da um ein altes indisches Wort (jangala).

In manchen Fällen kann aber auch die deutsche Endung den Ausschlag gegeben haben. Wir sind z.B. gewöhnt, Wörter auf »e« als feminin zu empfinden (Blum-e, Kann-e, Ratt-e). Vielleicht, ja vermutlich hat Gruppe daher (auch daher?) sein weibliches Geschlecht. Es geht also nicht um Fehlübersetzungen, sondern um die Macht der Gewohnheit. Wir können das heute hübsch beobachten an den vielen amerikanischen Entlehnungen, die für uns ja zunächst geschlechtlich neutral sind (the), die wir aber gern mit dem uns gewohnten Artikel bedenken (*der* Shop – *der* Laden, aber *die* Ranch – *die* Farm usw.). Ob ich mich klar genug ausgedrückt habe?

Erlauben Sie mir zum Schluss, Ihnen eine alte Verehrung und Bewunderung zu gestehen. Vielleicht ist das für Sie wie das tägliche Wasser, aber möglicherweise geht es Schauspielern so ähnlich wie Professoren, die sich auch freuen, wenn man ihnen sagt, dass sie unterhaltend, »stellenweise sogar witzig« seien ...

Professor Mackensen, der diese falschen Geschlechter in seinem *Traktat* als »Blendlinge« oder »Bastarde« bezeichnet, hatte mit seinem Brief das Problem zwar klassifiziert, aber nicht erschöpft. Auch die »Macht der Gewohnheit« ist nicht überzeugend, denn es gibt viele deutsche Wörter mit der Endung »e«, die nicht weiblich sind: der Gatte, der Schotte, der Hase, der Löwe. Die Unterschiebung eines älteren einheimischen, gleichbedeutenden Wortes scheint ebenfalls nur eine Hypothese zu sein, da zu viele Ausnahmen dagegen sprechen: le bar – die Bar, le cèdre – die Zeder, la salade – der Salat.

Da ich unbedingt Beweise haben wollte, fühlte ich mehreren Wörtern auf den Zahn (der Zeit).

Es stellte sich heraus, dass sie ein unterschiedliches Alter hatten und damit unterschiedliche Sprachwurzeln.

Während »un opéra« von den Franzosen aus dem Lateinischen übernommen wurde (opus – opera), stammt »die Oper« im Deutschen aus dem viel späteren Italienischen: »una opera«.

»Der Salat« der Deutschen hat das lateinische männliche »sal« (Salz) als Ursprung. »La salade« der Franzosen beruht auf dem späteren italienischen weiblichen »insalata« oder dem spanischen »ensalada«.

»Le contrôle« wiederum stammt aus dem Altfranzösischen und bestand ursprünglich aus zwei Worten: »le contre-rôle« – deutsch: »die Konter-Rolle«. Hier bestimmt »le rôle« beziehungsweise »die Rolle« das Geschlecht. »Le rôle« beruht auf dem lateinischen männlichen »rotulus« (die Rolle oder Walze). Warum ist aber die deutsche »Rolle« weiblich? Sie geht nicht, wie es im Duden steht, auf das altfranzösische »le rôle« zurück, sondern auf das lateinische weibliche »rota« (Rad).

Und nun zur »Uniform«. Sie stammt ebenfalls aus dem Lateinischen: »unus« (einziger), »forma« (Bild), zusammen »uniformig« (einförmig). Das männliche französische »un uniforme« ist eine Abkürzung von »un habit uniforme«, daher die ungewöhnliche Endung, denn das Substantiv war ursprünglich ein Adjektiv. Die deutsche »Uniform« hat also nichts mit der untergeschobenen »Montur« von Professor Mackensen zu tun, sondern wurde direkt aus dem Lateinischen übernommen: »uniforma« (weiblich).

Jetzt wusste ich es: Jedes Fremdwort hat eine Geschichte!

Apropos: es stimmt, dass »la poudre – der Puder« schon als männlicher »pulvis« im alten Rom auftauchte, später in Basel sächlich erfunden wurde und wie ein typischer Blendling als der, das oder die »Pulver« Millionen in die Luft jagte.

VERGANGENES

Am 9. September 1961 hatten Helmut und ich mitten in den Weinbergen im Kirchlein von Luins geheiratet. Das Hochzeitsessen fand auf der »Savoie« statt, dem schönsten Raddampfer des Genfersees. Seitdem hatten Helmut und ich an unserem Hochzeitstag immer eine Bootsfahrt gemacht.

Diesmal war ich in Berlin. Ohne Helmut.

Gestern hatte ich in der Kochsendung von Christiane Herzog, der Frau des Bundespräsidenten, Spinatauflauf und Orangencreme gekocht.

Auch gegenüberliegende Seite ▶
14/15 Die »Savoie«, auf der 1961 meine Hochzeit mit dem schönsten Mann der Welt gefeiert wurde.

50

Heute ging ich aufs Schiff.

Um 12.30 Uhr Abfahrt auf der »Luna« von der Dampfer-Anlegestelle Schlossbrücke in Charlottenburg. Ich aß Lachs mit Reis und Salat, dann setzte ich mich nach vorn, um historischen Tatsachen und Schnurren von Jürgen Geicke, dem Reiseleiter, zuzuhören.

Schloß Charlottenburg sah ich jetzt vom Wasser aus. Am Spreekreuz, wo der Landwehrkanal in die Spree mündet, befand sich ein Zwischenlager für Lampen, mehrere tausend, wie Herr Geicke betonte. Nach Gotzkowsky- und Hansabrücke ging es am Bundesratufer entlang zur Lessingbrücke mit Szenenreliefs aus dessen Dramen, denn der Erbauer war mit dem Dichter verwandt gewesen. Es folgten die Moabiter Brücke aus schwarzem Basalt und die Lutherbrücke mit dem goldenen Stern, der bedeutete, dass ein Schloss in der Nähe lag: Bellevue, wo ich tags zuvor gewesen war.

Nach der Kongresshalle, der »Schwangeren Auster«, im nördlichsten Teil des Tiergartens, folgten wir nach Passieren der Moltkebrücke dem Spreebogen, wo rege Bautätigkeit für das neue Regierungsviertel herrschte. Weiter ging es am Kronprinzenufer entlang, bis der noch im Wiederaufbau befindliche Reichstag vor uns lag. Dann zeigte uns der Reiseleiter den Fernsehturm, wo durch einen Lichteffekt bei Sonne ein Kreuz erschien, eine optische Täuschung. Man nannte den Turm St. Walter, weil er unter Walter Ulbrich erbaut worden war.

Ferner teilte uns Herr Geicke mit, dass Bismarck die Sozialversicherungen eingeführt, der Kaiser den Reichstag einen Affenkasten genannt habe und das Parlament eine Quasselbude.

Erster Halt: Friedrichstraße, wo sich direkt zwischen dem Bahnhof und dem Metropoltheater das zu DDR-Zeiten besonders regimekritische Kabarett »Die Distel« befand.

Dann kamen wir an der ältesten Kirche Deutschlands vorbei, der Nikolaikirche, und am ältesten Haus Deutschlands aus dem

Jahr 1170. Bei der Schleuse, wo wir auf die obere Spree gehievt wurden, lagen der Äppelkahn und ein Schiff namens »Hertha«, getauft von der gleichnamigen Fußballmannschaft.

Beim zweiten Halt an der Jannowitzbrücke lernte ich den Kapitän kennen, denn während der zwanzigminütigen Wartezeit kam er zum Essen herunter.

Auf der Rückfahrt besuchte ich ihn im Führerhaus, um die Schleuse von oben zu besichtigen. Bei dieser Gelegenheit zeigte ich ihm das Minensuchboot Cuxhaven meines Sohnes Tell auf meinem Sweatshirt, das auch Herrn Geicke sehr beeindruckt hatte.

Nicht vergessen möchte ich das Schiff mit dem Namen »Diana«, das uns kreuzte. Es sah aus, als sei der Name frisch gemalt. Prinzessin Diana war vor neun Tagen bei einem Autounfall ums Leben gekommen.

Wegen eines Auftritts in Dresden lohnte es sich nicht mehr nach Hause zu fliegen. So durfte ich auf Fernsehkosten noch einen weiteren Tag in Berlin bleiben und wurde am 11. September nach Dresden gefahren. Dort sollte ich am nächsten Tag mit Joachim Fuchsberger in der Sendung »Riverboat« zusammentreffen.

Es war mein erster Besuch in der Hauptstadt Sachsens. Aber ich erinnerte mich, dass Papa am Ende des Zweiten Weltkriegs nach den Nachrichten immer erleichtert ausgerufen hatte: »Sie werden Dresden nicht bombardieren. Sie wollen die Wunderwerke dieser herrlichen Stadt verschonen!«

Am 13. Februar 1945 wurde Dresden dem Erdboden gleichgemacht. Es war ein Vergeltungsschlag der Alliierten.

Papa war wie versteinert. Er hatte dort als junger Ingenieur erste Lorbeeren gesammelt. Mit der Zerstörung der Stadt seiner Träume war auch eine seiner kostbarsten Jugenderinnerungen erschüttert.

Inzwischen waren Zwinger, Semperoper und Hofkirche ganz, das

Schloss und die bedeutenden Museen zum großen Teil wieder aufgebaut. Nach einer kurzen Stadtrundfahrt meines Chauffeurs lud ich erst mal mein Gepäck im Hotel Hilton ab und ging dann spazieren.

Erst auf die Brühlsche Terrasse über der Elbe, wo ich einen Studenten nach dem Zwinger fragte, und ob es angeschrieben sei. Er schickte mich mit einem entsprechenden Blick zum Hotel zurück, von wo ich in wenigen Minuten das berühmteste, aus Trümmern wieder erstandene Bauwerk Dresdens erreichte. Ich schloss mich einer Reisegruppe mit Führer an und erfuhr, dass der Zwinger von August dem Starken und seinem Lieblingsarchitekten Matthaeus Daniel Pöppelmann erbaut worden war. Fast alle Skulpturen von Balthasar Permoser waren erhalten, die meisten allerdings so perfekt nachgebildet, dass man Originale und Kopien kaum unterscheiden konnte.

Unterdessen hatten mich die Damen der Reisegesellschaft erkannt und sangen am Ende des Rundganges auf der Terrasse über dem Nymphenbad zum Abschied ein Heimatlied.

Ich besuchte noch die Staatliche Gemäldegalerie Alte Meister im Semperbau, wo mir der »Trunkene Herkules« von Rubens die Sinne raubte, und setzte mich dann vor die Rembrandt-Bilder, die wunderbarsten Werke aller Zeiten, mit hell beleuchteten Figuren, die aus einem Scheinwerfer herauszutreten schienen. Lange betrachtete ich sein »Selbstbildnis mit Saskia«, das erschütternde Eigenporträt als alter Mann und die »Sixtinische Madonna« von Raffael mit den beiden Putten am unteren Bildrand, die wir als Kinder in tausendfachen Kopien als Bildchen getauscht hatten. Entrückt, vergeistigt, ohne Pomp.

Auf dem Heimweg kaufte ich für meine Sammlung noch die traditionellen Postkarten, ließ mich mit einem Leierkastenmann fotografieren und sank in meinem Hotelzimmer schweißüberströmt, aber zufrieden auf mein Bett.

Den Abend verbrachte ich mit dem Produktionsleiter Berger, der mir erst sein kürzlich erworbenes Bauernhäuschen mit Aussicht auf Dresden und einen alten Zwetschgenbaum zeigte, dessen bewohnte Zwetschgen uns in die Zunge bissen. Im Landgasthof Rothschönberg, am Fuß einer verfallenen Schlosstreppe, wurden wir aber mit köstlichen Kürbisgerichten und Lammkeulen geheilt. Alte Fotografien an den Wänden, Holztische, gehäkelte Deckchen und eine rothaarige, malerische Wirtin mit älterem Ehemann erinnerten mich an eine versunkene Welt, wie ich sie aus meiner Kindheit kannte, als noch nicht alles erschlossen war.

Für den Abend des 12. September war die Sendung »Riverboat« angesetzt.

Morgens schlürfte ich noch etwas Kunst in der Porzellansammlung im Zwinger: unvorstellbare, nie gesehene Meisterwerke – eine große Kreuzigungsszene, Nashörner, Elefanten, meterhohe seltene Vögel, Clowns mit Trompeten, Leuchter, Krüge, Platten, Teller, Tassen, ein unermesslicher Reichtum, der im Krieg in Sicherheit gebracht werden konnte.

Am Nachmittag hatte ich noch ein wenig Zeit und ging mit einem Kameramann zum Fürstenzug mit den Fürsten Wettin am Schloss, alle aus Meißner Porzellankacheln. Das Monumentalmosaik, das sich gleich schräg gegenüber vom Hotel befand, hatte die Bombennacht 1945 unbeschadet überstanden. Otto der Reiche beeindruckte mich unter den fünfunddreißig Markgrafen, Kurfürsten und Königen am meisten, dann gab es noch den Starken, den Streitbaren, den Sanftmütigen, den Gütigen, den Stolzen, den Erlauchten, den Gebissenen.

Abends um 22 Uhr begann also die Sendung »Riverboat«. Ich trat etwas später auf, Blacky brauchte für meinen Empfang etwas Zeit und Platz, schlich sich scheinheilig heran, packte blitzschnell meinen ausgestreckten Arm, und schon lag ich auf dem Schiffsparkett.

Alle Anwesenden wieherten, und wir versuchten zu erklären, wie wir 1956 auf diese Begrüßungswette gekommen waren, obwohl wir es selbst nicht mehr genau wussten. Nur eines war sicher: es war während der *Smaragdengeschichte*, einem der ersten Fernsehspiele, die live gesendet wurden.

Nach Blackys Liebeserklärung an Australien wurde ein stark bewimpertes Exemplar, wahrscheinlich weiblich, eingeblendet, das den Tod Prinzessin Dianas als bestmöglichen Abgang bezeichnete, den sie auch Madonna empfahl.

»Es liebt der Mensch das Strahlende zu schwärzen und das Erhabne in den Staub zu ziehn«, antwortete ich so schnell wie möglich und fügte hochnäsig hinzu: »*La Pucelle* von Voltaire.«

Nun wurde noch der Olympiavierte 1992 im Turmspringen, Jan Hempel, ausgequetscht, und anschließend bewunderten alle den ehemaligen Ministerpräsidenten Lothar Späth, der zurücktreten musste, weil er in den Urlaub gefahren und jetzt Vorstandsvorsitzender der Jenoptik AG. in Sachsen geworden war. Ein gutmütig parierender, jedoch nicht zu unterschätzender Partner, der davor warnte, ihm auf die Füße zu treten.

Immer wieder kamen Blacky und ich ins Gespräch. Moderator Jan Hofer fragte mich über meine Tagebücher aus, und der Schweizer Meteorologe Jörg Kachelmann, bei dem es in der Wettervorhersage immer »schifft«, wollte meinen Buchtitel nicht nennen, so dass ich es selber tat.

Zum Schluss erschreckte uns das obszöne Lied des schon erwähnten Struwwelmonsters, leider nicht charmant schlüpfrig, sondern – brrrrh. Es wurde in der Wiederholung herausgeschnitten.

Am 13. September wurden mir noch weitere Sehenswürdigkeiten gezeigt, die Villen von Professor von Ardenne und Gunter Emmerlich sowie Schloss Pillnitz mit der im Park stehenden ältesten Kamelie Europas aus dem Jahr 1770.

Abends bestieg ich als glückliche Touristin mein Flugzeug nach Genf, wo ich um 22.25 Uhr von meinem Sohn Tell abgeholt wurde.

Der nächste Morgen begann trotz der Anstrengungen der letzten Tage voller Tatendurst und Lebensfreude. Nach einem ausgiebigen Frühstück begann ich auszupacken, dann führte ich das Tagebuch nach und bereitete das Mittagessen vor.

Um 16 Uhr rief Paul an, der Freund meiner Schwester. Ich merkte es an seiner zitternden Stimme, bevor er es aussprach: Mama war gestorben.

Corinne kam auch an den Apparat und schilderte, wie Mama einfach eingeschlafen war. Ihre letzten Worte waren: »Löht mi jetz.«

Mama war sechsundneunzig Jahre alt geworden. Wir alle dachten, sie sei unsterblich. Ihre Abwesenheit war mehr als ein Verlust, es war eine Bedrohung!

Wer konnte sie überhaupt ersetzen? Zu wem sollten wir jetzt noch gehen und abladen, wenn uns etwas bedrückte? Wer hörte uns zu? Wer erteilte uns einen Rat? Wer opferte uns alles auf? Wer ging für uns durch dick und dünn, ohne eine Bedingung zu stellen?

Ich blieb wie betäubt am Tisch sitzen, ohne realisieren zu können, dass ich Mama für immer verloren hatte.

Schließlich rief ich Tell und Kerstin an und teilte ihnen die Todesnachricht mit.

Dann machte ich mich auf den Weg zum Friedhof, schnitt die noch frischen Rosen ab, die mein Hausmädchen Catherine am 9. September auf die Gräber gebracht hatte, goss die Blumen und wollte sofort wieder nach Hause.

Da sah ich von weitem Pfarrer Daniel Grivel aus seinem Haus kommen. Ich lief ihm nach, konnte gerade noch herausstoßen: »Meine Mutter ist tot«, dann lief ein Tränenstrom über mein Gesicht, und ich brachte kein Wort mehr heraus.

Er legte die Arme um mich, gab mir einen Kuss auf die Wangen und ließ mich weinen.

Es war, als hätte mir der Himmel einen Engel geschickt. Es ging mir sofort besser, und ich wanderte gefasst den Weinberg hinunter heimzu, vor mir die Rebstöcke voll üppiger Trauben und in der Ferne der spiegelglatte, blassblaue See, der einen Hauch von Ewigkeit erahnen ließ.

Badezimmer dauern etwas länger

Alles fing an mit einem Brief von »Wohnbaden«, einem Badjournal des Krammer Verlags in Düsseldorf:

»Unsere Publikumszeitschrift befasst sich hauptsächlich mit der Einrichtung wohnlicher und exklusiver Bäder.

In der Ausgabe 1/87 berichten wir über Heiner Lauterbach.

Dürfen wir einmal bei Ihnen vorbeischauen – mit freundlichen Grüßen…«

»Bitte absagen«, notierte ich oben an der Seite und legte das Schreiben zu den Autogrammen, die meine Lilly seit einigen Jahrzehnten erledigte.

Von da an ließ mich der Gedanke an chromblitzende, spiegelnde, dampfende Wasserwannen und -schüsseln in schneeweiß gekachelten Badehallen nicht mehr los. Besonders nach dem Mittagsschläfchen im Anbau meines Hauses mit der völlig verwitterten Dusche verbrachte ich lange, tatendurstige Stunden, indem ich in Gedanken Mauern, Decken und Türen einriss und sogar vor der Errichtung eines Türmchens vor dem Fenster nicht zurückschreckte.

Mein erstes Opfer war Architekt Zimmermann, der schon das Dach unseres Hauses auf dem Gewissen hatte. Er schickte mir seinen Assistenten, denn es handelte sich ja nur um eine kleine Baustelle.

Ende 1995 erhielt ich Variante I mit runder Glasveranda, vergrößertem Bad und dazugehörigem Schlafraum.

Variante 2 mit eckiger Glasterrasse und neuem Bad.

Variante 3 schlug ein verlängertes Dach des Anbaus vor, wobei

16 *Unser Haus am Genfer See, die Villa Bip. Hier lebe ich noch heute.*

das halbe Salonfenster zugemauert wurde. Kostenpunkt: Fr. 150000.

Es blieb bei den Zeichnungen, denn die verschiedenen Dächer über- und nebeneinander verschlimmbesserten nur die Vorderfassade.

Der nächste Architekt hieß Arno Becker, war ein Freund unseres Tourneewunders Milia und wohnte im selben Haus wie sie am Starnberger See. Anhand von Plänen und Fotos, die ich ihm schickte, zeichnete er einen hinreißenden Turm vor den zukünftigen Baderaum, der aber nur zur Verschönerung beitrug und über keinen Eingang verfügte.

Und da war auch noch der leidgeprüfte Ingenieur Jean Pierre Winkler, der 1992 unsere Terrasse Platte für Platte abgedeckt, isoliert und wieder zusammengesetzt hatte, zwecks Sanierung der darunter liegenden Tropfsteinhöhlen. Er machte insgesamt vierundzwanzig Zeichnungen und Grundrisse vom Anbau mit Terrasse, ohne Terrasse, mit Eingang, ohne Eingang, mit Erker, ohne Erker, mit Küche, ohne Küche, dann gab er es auf.

Ich hatte unterdessen zwei Fernsehproduktionen im Kopf und musste die Reparaturen verschieben. Textlernend wanderte ich am See entlang und entdeckte ein frisch renoviertes Glashaus, das gerade fertig geworden war. Kurz entschlossen läutete ich und fragte die erstaunte Engländerin, die mich aber höflich einzutreten bat, nach dem Namen des Architekten.

Mr. Ersan in Lausanne lieferte die nächsten Ideen in Form von außen angebrachten großen Kästen, die innen zwar ungeahnte Wasserfälle ermöglichten, aber sonst als Getreidesilos geeigneter zu sein schienen.

Nachdem auch mein Bruder etwa ein Dutzend Vorschläge skizziert hatte, mit dem Rat, nur innere Renovierungen vorzunehmen, begann ich mich mit dieser Möglichkeit zu befreunden. Zwar bestellte ich noch eine Fertighausfirma, um eventuell den ganzen Anbau abzureißen und einen neuen, fix und fertig vorfabrizierten hinzustellen. Ich hörte aber nie mehr etwas von Okal GmbH.

Auch Tells Freund Jean Claude Borra überreichte vier neue Varianten, verzichtete aber nach längerer Betrachtung des Tatorts und zwar, wie seine Vorgänger, ohne Berechnung der Arbeitszeit.

Anfang 1997 erinnerte ich mich plötzlich an den Brief von »Wohnbaden«, den ich auch nach tagelangem Suchen in einem alten Ordner aus dem Jahre 1987 aufspürte.

Der Kontakt mit der Redaktion war schnell hergestellt. Die

Begeisterung von Herrn Heinrich hielt sich jedoch in Grenzen, und nach mehreren Wochen bekam ich einen Brief, der »Mit großem Bedauern« begann und mit »nicht mehr unterbringen« aufhörte.

Wieder vergingen einige Wochen, und nach mehreren Telefongesprächen gelang es mir dann doch, die Neugier Herrn Heinrichs zu erwecken.

Am 15. Oktober 1997 kam er sogar zum Kaffee, da er sowieso schon in Zürich war, nahm die Maße und wollte Vorschläge machen.

Es wurde Weihnachten, Tell kam mit seiner Frau Kerstin und dem kleinen Pascal zu Besuch und wohnte im Anbau auf der zukünftigen Baustelle. Er hörte und schaute sich alles an, dann empfahl er, einfach nur die Möbel umzustellen.

Am 25. Januar 1998 schrieb ich ins Tagebuch Nr. 114: »Ich gehe das jetzt an mit dem Anbau«, und faxte Papas Studentenskizze aus den zwanziger Jahren, die ich in einer alten Mappe gefunden hatte, an meinen Bruder. Leider reagierte er nicht darauf, und ich legte die gute Idee zu den Notlösungen.

Unterdessen hatte Herr Heinrich angebissen und teilte mir am 30. Januar 1998 mit, das Wohnbad sei im Studio aufgebaut, und ich solle auf ihre Kosten zum Fotografieren kommen. Wir einigten uns dann auf ein altes Filmplakat der *Zürcher Verlobung*, das sie im Badezimmermodell aufstellen wollten. So musste ich nicht extra hinfliegen und bekam die Fliesen und Installationen trotzdem geschenkt.

Ich hatte jetzt alle Hände voll zu tun. Meine Baupläne hatten sich herumgesprochen. Unser Hausarzt und Nachbar Dr. Ursenbacher hatte sein Haus auch aufgemöbelt und empfahl mir Madame Judith Metzler, eine ungarische Architektin, die ebenfalls nur ein paar Häuser weiter wohnte.

Sie kam mit zusätzlichen Verschönerungsplänen für das Schlafzimmerchen:

Decke einreißen, sichtbare Balken einbauen, Fenster vergrößern, Balkon mit Winterverglasung, Verlängerung des Dachs ...

Nur, auf dieser Seite waren bereits zahlreiche Fenster vorhanden. Jedes hatte eine andere Größe, war mal rechts, mal links versetzt und nie in der Mitte. Auch eine Wendeltreppe in das Bad im Keller, das direkt unter dem Vorzimmerchen lag, wurde entworfen, dann hätte ich nämlich oben gar keines mehr gebraucht.

Kurt Hoffmann antwortete bei solchen Vorschlägen immer: »Das ist gut, das lassen wir weg.«

Es stellte sich heraus, dass es ein Fehler gewesen war, nicht zu »Wohnbaden« gefahren zu sein. Ich hätte mir viel Zeit und Ärger erspart.

Das vollständig aufgebaute Bad im Presseatelier wurde nach dem Fototermin abgerissen und die Apparate ohne Kommentar in alle Himmelsrichtungen zurückgeschickt. Niemand wusste mehr Bescheid, wenn ich mich erkundigte, und ich glaubte, Ungeduld bei den Telefondamen herauszuhören.

Weitere Verzögerungen des Waschsalons entstanden durch die Renovierung der Küchentheke. Das war noch dringender und beschäftigte mich mehrere Wochen, da die Sommerferien fast alle Handwerker verschluckt hatten.

Am 27. August 1998 fand endlich die Versammlung von Elektriker, Installateur, Schreiner und Architektin statt. Auch Baumeister Winkler war da, der mir die jetzige Lösung schon vor zwei Jahren vorgeschlagen hatte: Einreißen der Mauer zwischen Korridor und alter Dusche, Zumauern der früheren Tür zum Vorzimmerchen, was eine Nische für das Lavabo ergab, Durchbrechen für einen Eingang zwischen Vor- und Schlafzimmer. Fertig.

Am nächsten Tag gab ich »Wohnbaden« die Maße für die Apparate durch.

Warten.

Sieben Wochen danach, am 14. Oktober, kam endlich ein Lieferschein der geschenkten Apparate – leider mit falschen Maßen, die Sendung musste rückgängig gemacht werden.

5. November: Die Presslufthämmer waren eingetroffen. Kratzen, knallen, knattern, klappern, krachen. Es entstanden einige Löcher in den Wänden, ein großes für die zukünftige Tür und einige kleinere für die Heizungskanäle. Zehn Tage Bohr-, Klopf- und Brummigedonner, dann war wieder Schluss der Vorstellung. Nur der meterhohe Schutt vor dem Haus erinnerte daran, dass hier einmal gearbeitet worden war.

Natürlich blieb ich während der Wartezeit nicht untätig.

Sollte man nicht doch an eine Terrassentür im Schlafzimmer denken? Dann hätten die endlosen Debatten über den Notausgang, der sich wegen des abgerissenen Korridors jetzt im Bad befand, ein Ende.

Im »Hamburger Abendblatt« hatte ich vor einigen Monaten ein hinreißendes modernes Glasgebilde entdeckt, kreiert von Holm Kähler, Architekt. Während meine Apparate unterwegs Urlaub machten, konnte ich ja schon mal Kontakt mit ihm aufnehmen.

Die Telefonnummer erhielt ich von der Auskunft, hinterließ meinen Anschluss auf seinem Anrufbeantworter und erhielt noch am selben Abend seinen interessierten Rückruf. Das war am 24. November 1998.

Etwa zehn Tage danach, am 4. Dezember, rief er mich an, ich könne ihn am 12. Dezember am Flughafen Genf abholen. Während des Gesprächs zwitscherte das Handy, dann klingelte es am Gartentor, vor dem ein Riesenlastwagen mit den Badezimmerschüsseln wartete, und ich konnte dem Architekten melden, das Mobiliar rolle gerade in den Garten herein. Ich machte das Handy 2 aus, dirigierte die Kisten in die Garage, parlierte auf Handy 1 mit Herrn Kähler, unterschrieb den Frachtbrief und winkte dem davonfahrenden Lieferwagen nach, der beinahe mit dem einbiegenden Elektriker zusammenstieß. Dann verabschiedete ich mich von Herrn Kähler, machte das Telefon aus, um mich mit dem Techniker über die Heizung zu unterhalten, da bimmelte es schon wieder. Es war die Deutsche Bank, die den Goldpreis für die Steuererklärung durchgab, und so ging das weiter bis in die späten Abendstunden: Dresdner Bank, Kerstin, Filmproduzent Hans Abich und dazwischen pfiff ein endloses Fax auf dem letzten Loch.

Am 19. Dezember endlich holte ich Herrn Kähler um zehn Uhr am Genfer Flughafen ab. Ein unübersehbarer Hamburger Hüne tauchte aus der heranwogenden Menschenmenge auf, ich winkte mit dem Metermaß, das wir als Erkennungszeichen ausgemacht hatten und brach mir bei seinem Händedruck beinahe die Finger.

Wir fuhren zum Haus, wo er nach einem Begrüßungstee seine Entwürfe ausbreitete. Kerstin und Pascal, die ich als Schiedsrichter mit zum Poulet eingeladen hatte, betrachteten die neuen Skizzen begeistert, denn es befand sich auch ein unerwartet gut passendes Glastürmchen dabei.

Da es aber nicht in der Mitte war, und darauf legte ich zur Verzweiflung aller Beteiligten größten Wert, ließen wir es fallen.

Herr Kähler war vom Keller und dem Dach besonders angetan und schlug eine rasch hingeworfene Faltveranda als Notausgang des Schlafzimmerchens vor. Das könne eventuell fertig geliefert werden. Pahhhh!

Gegen sechzehn Uhr brachte ich den blauäugigen jungen Riesen nach Genf ins Hotel President und kurvte ganz beschwingt auf meine Baustelle zurück.

Das neue Jahr 1999 begann mit einer gewaltigen Materialschlacht. Leider waren von der Dusche nur die Wanne und die Brause angekommen, ohne Wände, Rohre und Sockel, dafür aber die

Rechnungen. Die unzähligen diesbezüglichen Briefe, Faxe und Lieferscheine füllten bereits einen ganzen Ordner.

Überhaupt war der Jahresbeginn von Pleiten, Pech und Pannen begleitet. Als am Dreikönigstag auf meinem Handy ein dringender Anruf endlich eintraf, kriegte ich den Apparat nicht aus der Tasche, und als er endlich zum Vorschein kam, drückte ich in letzter Not auf No statt auf Yes, und das Gespräch brach ab. Dann versagte der Zapper des Radios, die Batterie fiel heraus und ich über die Schnur des elektrischen Weihnachtsbaums, in die ich mich praktisch jeden Abend verschnürsenkelte. Wütend rang ich Arme und Beine, beschimpfte meinen greisenhaften Schwachsinn und stapfte angewidert in die Küche, wo ich wieder einmal kochen musste. Die Katze machte, dass sie wegkam, und ich besänftigte mich schließlich nach einem jahrhundertealten Steak und einem Rest Reis aus der Steinzeit.

Ende Januar erfuhr ich von der Badefirma, die Dusche sei wegen eines Chromfehlers abbestellt worden.

»Dann schicken Sie mir eine aus Plastik«, stöhnte ich.

»Ja, aber das dauert eine Woche«, erklärte Herr Brause, »die Wände zwei Wochen.«

Dafür waren aber die Fliesen-Plättchen im Anmarsch.

Auch die restlichen Möbel trafen ein und wurden in der Garage auf die Warteliste gesetzt. Das war ein großer Fortschritt.

Und schon gab es neue Verwicklungen. Das automatische Gartentor, durch das die Arbeiter jeden Tag hereinströmten, hatte keine Lust mehr. Aber heute, es war der 9. Februar 1999, konnte Tell, der es schon vor einer Woche zusammengeklopft hatte, nicht helfen, er war auf dem Weg zu irgendeinem Schiff.

Nun musste ich einen Mechaniker der Tür- und Torreißverschlüsse einfangen, erwischte fälschlicherweise die Teppichreinigung, die auch fällig war, aber jetzt nicht.

Herr Degen, der eigentlich schon Feierabend hatte, war sofort bereit zu kommen, obwohl es bereits zu dämmern und zu schneien begann.

Es war stockdunkel, als er angebraust kam und sich gleich bei dichtem Schneegestöber an die Arbeit machte.

Er kroch in den Graben, ölte, feilte, hämmerte, sägte und bohrte tropfnass und rußgeschwärzt an der restlos verrosteten Maschine herum – es dauerte etwa anderthalb Stunden –, dann hatte er die zentnerschweren Platten über die Maschine gestülpt, den Kasten zugeschraubt und die Hebestange in die Garage gestellt. Ich servierte dem tüchtigen, knorrigen und bärenstarken Zürcher ein Bier und unterhielt mich mit ihm noch eine Weile über den vorsintflutlichen Motor, der seit fünfunddreißig Jahren immer noch funktionierte. Er verabschiedete sich etwa um zwanzig Uhr, nachdem ich mich tausendmal bei ihm bedankt hatte.

Am nächsten Morgen um neun öffnete sich das frisch geölte Tor gehorsam und lautlos – natürlich wunderte sich niemand darüber –, und das Treffen von Architektin, Baumeister, Installateur und Elektriker fand statt, wie geplant. Bei dieser Gelegenheit teilte der Installateur den versammelten Teilnehmern mit, er könne jetzt zwei Wochen nicht mehr.

Ich fiel beinahe in die hinter mir stehende Schüssel. Ohne ihn konnten die andern nicht weitermachen.

»Das ist aber sehr unangenehm«, rief ich händeringend in die kahl widerhallenden Wände.

Man betrachtete mich kühl und starrte Löcher in die Luft, obwohl ich allen einen Kaffee servierte.

Nichts zu machen, es blieb dabei.

Ab 19. Februar ging es dann endlich los. Erst kamen die Plättchen, dann die Tapetentür. Mit ihnen Maler, Schreiner, Elektriker, Maurer und Architektin. Natürlich war es schade, dass ich gerade jetzt, wo sich alle Mitstreiter versammelt hatten, wegfliegen musste. Die Architektin, die der Baumeister für überflüssig hielt, fuhr mich zum Flughafen.

Zurück aus Rottach-Egern, begann der Ringkampf mit dem Fliesenleger. Die Plättchen waren nicht vier-, sondern rechteckig und hatten verschiedene Größen. Die Ränder der breiten passten nicht zu den schmalen und verschoben sich in den Ecken, am Boden und um die Türen.

»Er ist nicht in der Mitte«, erklärte ich bei der Besichtigung des Toilettenkastens und ließ ein Stück ansetzen, damit die Plättchen auf der Seite die gleiche Breite hatten. Um weiteren Schönheitsfehlern vorzubeugen, bestellte ich für den Boden ein grünliches Mosaik, das sich ohne Zickzack überall anpasste. Lieferzeit: zwei Wochen.

Inzwischen reparierte der Maler die Tapete mit einigen Resten, die ich im Keller gefunden hatte, versetzte einen Spot im Vorzimmerchen, der nicht in der Mitte war, stellte in der Küche, die er auch anpinselte, einen Kurzschluss fest und befahl mir, den Verursacher anzurufen, der gerade davongeschlichen war.

Ich dachte, nun seien die größten Katastrophen überstanden, da gab es schon wieder Probleme mit der Schwelle, die durch die neue Tapetentür entstanden war. Der Maurer wollte keinen Beton hineingießen, es sei Holz darunter. Der Schreiner war aber auf Anrufbeantworter und ich auf hundertachtzig.

Als er zurückrief, teilte er mir mit, man müsse Beton in das Loch stopfen.

»Jetzt reicht's«, schimpfte ich. »Einer sagt Holz, der andere Beton. Also was jetzt?«

Catherine mischte sich ein. »Es ist Sperrholz«, entschied sie.

Der Schreiner versprach daraufhin, etwas hineinzuschütten, was, das verriet er allerdings nicht.

Zwei Tage später erschien er mit seinem Gerätekasten, bemerkte ein herausragendes Eisenrohr in der Schwelle und bedauerte, das sei nicht sein Gebiet, vielleicht sei Wasser drin, ich solle den Installateur anfragen. Der schneite auch gleich herein und ordnete nach längerer Diskussion an, ich müsse einen Parkettierer kommen lassen.

Sprach's und verschwand.

Es war nun schon Mitte April und ein Ende des Gewimmels nicht abzusehen. Der Parkettierer hatte zwar das Parkett des Vorzimmerchens versiegelt, das Eisenrohr in der Schwelle abgesägt und das Loch zugenagelt, aber die Plättchen reichten nicht für die Nische im Badezimmer. Ich musste welche nachbestellen.

Ferner teilte mir der Schreiner mit, er könne die Badezimmerdecke nicht mit Holzplatten verkleiden, sie sei schief und das Fliesenfries zu weit oben.

Der ebenfalls anwesende Plättchenleger bekam einen Wutanfall und blökte: »Sie haben es so haben wollen«, worauf ich zurückbrüllte, er solle aufhören zu schreien.

Wutentbrannt brausten sie von dannen, und ich ließ noch am selben Tag den italienischen Schwiegersohn meines Gärtners kommen.

Maler Velotti erschien um sechzehn Uhr, lächelte charmant und zückte seinen Meterstab: »On fait un faux plafong, pas de prrroblema«, schnurrte er.

Hätte ich bloß das ganze Bauschlachtgemetzel ihm anvertraut, statt den geschenkten Schüsseln, Plättchen und Chromschnörkeln in ganz Europa nachzujagen – die ganze Badereparaturorgie wäre längst beendet gewesen.

Und nun überstürzten sich die Ereignisse. Ich engagierte einen zweiten Schreiner, der die Aufgabe hatte, die große Klappleiter zum Abstellraum über dem Bad möglichst unsichtbar in die Decke einzupassen.

Nach vierzehn Tagen, am 18. Mai, erschien der Schreiner Nr. 2, um die Klappe anzuprobieren und den Spiegel in der Nische auszumessen. Er könne ihn aber erst zuschneiden, wenn er die Beleuchtung habe, schränkte er ein, die dafür vorgesehene Neonlampe sei defekt.

Ich brachte die Röhre zurück, suchte sechs einzelne Lampen aus, die man nach Belieben anbringen konnte, bestellte den Maßspiegel ab, ließ die Nische im Bad mit den inzwischen eingetroffenen spanischen Fliesen kacheln und den großen Heizkörper im Vorzimmerchen gegen einen kleineren austauschen. Bei der Gelegenheit nahm der Installateur den Hausschlüssel mit. Nach mehreren Anrufen versprach er, ihn in den Briefkasten zu legen, statt dessen kamen 12000 Liter Heizöl.

Mitte Juni. Der Schreiner Nr. 2 verzweifelte wegen des doppelten Verschlusses des Deckendeckels, wir begnügten uns mit einem Provisorium; die sechs Lampen passten nicht in die Nische, sie hingen zu tief; das Lavabo wurde in die Nische montiert; der Elektriker wollte die Lampen nicht höher hängen, weil der Spiegel noch nicht da war; ich kaufte ein modernes Spiegelschränkchen mit Neonbeleuchtung zum halben Preis. Sommerpause.

16. August. Das Schränkchen wurde vom Italiano montiert, drei von sechs Lampen installierte er über der Neonröhre, die allerdings bei Betätigung des Lichtreglers verlöschte.

Aber das waren ja nur Details.

Die heiligen Hallen waren praktisch fertig und viel geräumiger, als in den kühnsten Träumen ausgemalt. »Direkt feudal«, hätte Papa festgestellt.

Am 30. August 1999 weihte ich das Luxusgebilde ein.

Die Brause schwappte kalt und müde vor sich hin.

Der Installateur drehte ein bisschen daran herum und schaltete den Boiler ein. Ich stand verklärt vor meiner Dusche und ließ sie los, dass es nur so spritzte.

Walle! walle,
Manche Strecke,
Dass zum Zwecke
Wasser fließe,
Und mit reichem, vollem Schwalle
Zu dem Bade sich ergieße.

Sumamegadinoparadiesisch! Mein Wohnbadenwunder!

Ich benützte aber dann doch lieber mein altes Bad im ersten Stock.

DIE SCHRAUBEN

»Danke für das komplette Fax. Ich freue mich auf die Petersinsel. Ich lese zur Zeit Hoimar von Ditfurth, *Wir sind nicht nur von dieser Welt*. Über Amino- und Nukleinsäuren, aus denen wir entstanden sind. Sie sind entweder links- oder rechtsgewendelt.

Wenn sie links- und rechtsgeschraubt sind, handelt es sich um ein Razemat. Das gibt es leider nicht mehr. Deine razematte Schwoscht.«

Dieses Fax, das ich meinem Bruder am 11. April 1998 schickte, diente hauptsächlich zu Übungszwecken des neuen Faxgeräts, das zwar seit einem halben Jahr in Betrieb war, aber in regelmäßigen Abständen chinesische und ägyptische Hieroglyphen ausspuckte und sich mit dem Alarmknopf verabschiedete.

Auch die herbeigerufenen Experten konnten es nicht mehr zum Leben erwecken. »Irgendjemand hat versehentlich einen Code eingegeben, und da ihn niemand kennt, geht nichts mehr«, laute-te die Diagnose. Das Gerät musste eingeschickt und völlig auseinander genommen werden.

Ein Code. Aha. Jeder weiß, ein Code ist ...

Aber was ist es genau?

Gesetzbuch, Chiffrierschlüssel, Verschlüsselung, heißt es im Wörterbuch ...

Wehe, wenn man einen Code vergaß oder ihn veränderte. Man konnte keinen Automaten mehr benutzen, keinen Safe, keinen Fernseher, kein Telefon, kein Bankkonto, kein Fahrzeug, nicht einmal das eigene Haus, falls es gesichert war.

Ich wollte doch nur ein paar vergnügte Faxen mit meinem Bruder austauschen und schon hatte ich mich in die Ditfurthschen Schrauben verwickelt. Nur weil ich Amino- und Nukleinsäuren in einem Atemzug mit einem Faxgerät erwähnt hatte, die alle drei eines gemeinsam haben: einen Code.

Ein Faxgerät soll Texte übertragen. Der Text ist ein Code, dessen Alphabet aus sechsundwanzig Buchstaben besteht. Ein Sinn entsteht dadurch, dass diese Buchstaben in einer richtigen Reihenfolge angeordnet sind. Und liegen sie Zeile für Zeile schön gegliedert nebeneinander, kann man sie bequem lesen.

Bei dem Code der Nukleinsäure hat das Alphabet nur vier Buchstaben. Stehen sie in der richtigen Reihenfolge, kommt es zum Urknall des Lebens. Es entstehen die Stoffe, aus denen alles Lebendige aufgebaut ist. Und das geht ungefähr so:

Das Erbmolekül, die Desoxyribonukleinsäure DNS, ist eine Kette aus gewissen chemischen Verbindungen, sogenannten Basen. Es gibt Adenin, Cytosin, Guanin und Thymidin, also vier verschiedene.

Die Reihenfolge dieser Basen ist der Code. Und weil dieser Code so unvorstellbar lang ist, wird die Kette selbst zu einer Spirale aufgewickelt, die dann noch mal in eine Schraube verzwirbelt ist. Was bewirkt nun dieser Code? In einem ersten Schritt werden gewisse Stücke des Codes kopiert, das heißt, sie werden abgeschrieben in einen anderen Code. Diese Kopie, die Ribonukleinsäure, ist wieder aus einer Kette von vier verschiedenen chemischen Substanzen aufgebaut. Adenin, Cytosin, Guanin bleiben, nur Thymidin ist hier durch Uracil ersetzt. Von diesen Kopien liest die Zelle den Code ab und baut Eiweiß auf.

Eiweiß, oder Protein, ist die Grundsubstanz, aus der jeder Organismus aufgebaut ist. Alle Proteine, wie verschieden sie auch sind, sind ihrerseits Ketten aus kleineren Einheiten, den so genannten Aminosäuren. Davon gibt es nur zwanzig.

Diese könnten theoretisch auch rechts- oder linksdrehend aufgebaut sein. Hier treten aber nur die linksdrehenden auf. Um festzulegen, welche dieser zwanzig Aminosäuren die richtige an welcher Stelle ist, müssen mindestens drei Basen der DNS zusammengefasst werden. Das heißt, drei Basen codieren eine Aminosäure. Besondere Bestandteile in den Zellen, die sogenannten Ribosomen, fügen nun die Aminosäuren in der Reihenfolge zusammen, wie es in dem Code der DNS beschrieben ist. Es besteht eine ähnliche Beziehung wie beim Morsealphabet, wo eine Folge von Strichen und Punkten in der normalen Schrift einen Buchstaben ergibt. Drei Basen stellen also eine Aminosäure dar und sorgen dafür, dass es die richtige ist – und eine linksdrehende muss es auch noch sein.

Wieso? Wenn es doch theoretisch auch eine rechtsdrehende sein könnte.

Hätten Systeme, die rechtsdrehende oder rechts- und linksdrehende Aminosäuren verwenden, nicht auch eine Chance gehabt? Um rechtsdrehende Aminosäuren verwenden zu können, müssten auch die Ribosomen anders aufgebaut sein. In einem System, das beide Arten Aminosäuren verwendet, einem Razematsystem, müssten beide Ribosomenarten parat sein. So aber wäre das Razematsystem nicht länger konkurrenzfähig gewesen. Und im Überlebenswettkampf der beiden anderen Systeme ist ein einziges übrig geblieben, dessen Eiweiß ausschließlich aus linksgedrehten Aminosäuren aufgebaut ist.

Auf der Erde gibt es heute nur noch diese eine Variante. Denn ein System, das sich mit seinen Ribosomen nur um eine Art von Aminosäuren kümmern muss, bewältigt eine schnellere Verkupplungsrate als eine andere. Es heißt eigentlich Verdopplungsrate, der Tippfehler ist aber besser.

Doch alles ist noch etwas komplizierter, was folgendes Beispiel zeigt: Damit sich Zucker in der Zelle eines Lebewesens mit Sauerstoff verbinden und Energie freisetzen kann, ohne zu »verbrennen«, ist ein komplizierter Stoffwechsel-Mechanismus notwendig. Daran sind viele Enzyme beteiligt. Enzym ist der Name für ein spezielles Eiweiß. Eines davon ist das Cytochrom C. Man fand heraus, dass dieses Eiweiß aus einer Kette von 104 Aminosäuren besteht. Nur in der richtigen, genau dieser Reihenfolge zusammengefügt, erfüllt das Eiweiß seine Funktion.

Wie ist aber die richtige Reihenfolge entstanden? Wird durch Zufall oder durch einen Fehler, eine so genannte Mutation, eine Aminosäure verwechselt oder in der verkehrten Reihenfolge eingefügt, führt dies meist zum Absterben der Zelle. Nur bei einer verschwindend geringen Zahl von Abweichungen würde die Zelle überleben und bei einer noch geringeren vielleicht eine Änderung der Funktion bewirken, die zur Verbesserung der Überlebenschancen führen und damit weitervererbt werden könnte. So funktioniert die Evolution. Doch ist die Entstehung des Lebens dadurch zu erklären?

Sollte der ganze Code, der ein Lebewesen entstehen lässt, durch solche Zufälle zustande gekommen sein? Allein die 104 Teile aus zwanzig verschiedenen Aminosäuren, die das Cytochrom C bilden, sind die eine richtige Lösung aus 20^{104} Möglichkeiten. So oft müsste man 104 Perlen, im richtigen Verhältnis aus zwanzig verschiedenen Farben gemischt, in eine Rille werfen, bis daraus zufällig die richtige Reihenfolge entstünde. Der französische Biologe und Nobelpreisträger Jacques Monod bezeichnet deshalb den Menschen und alle übrigen Lebensformen auf der Erde als einen außerplanmäßigen Zufall, ohne jeden Zusammenhang mit dem Geschehen insgesamt.

Falls zwei oder drei meiner Leser mich für intelligenter halten, als ich bin, kann ich ihnen versichern, dass Hoimar von Ditfurths *Wir sind nicht nur von dieser Welt* für Laien geschrieben worden ist. Ich brauchte allerdings zwölf Jahre, um es zu lesen. Deshalb fühle ich mich verpflichtet, auch noch das Grundthema des Autors zu berühren: den Versuch, Naturwissenschaft und Religion zu verbinden. Trotz der »Wohnungsnot Gottes« (Ernst Haeckel) sucht auch Professor Hoimar von Ditfurth den Schöpfer aller Dinge.

Er beweist, wie die ersten Urorganismen entstanden sein können. Der Amerikaner Stanley Miller schloss 1953 in einem Laborversuch die simplen anorganischen Moleküle Kohlendioxid, Methan, Ammoniak und molekularen Wasserstoff in eine Glasapparatur, ließ die Lösung mehrere Tage in stetigem Wechsel kreisen, verdampfen, sich wieder niederschlagen und mit elektrischen Entladungen prähistorischer Gewitter der Urerde durchschütteln. Es bildeten sich spontan einige der wichtigsten Lebensbausteine, vor allem in Gestalt von Aminosäuren. Die Entstehung dieser Grundbausteine organischer Substanz unter nichtbiologischen Bedingungen galt bisher als schwer erklärbar.

Aber dieser Versuch ist wiederholbar. Er zeigt, dass diese Grundbausteine nach gewisser Zeit immer von selbst entstehen (auch wenn in diesem Fall links- und rechtsdrehende gemischt sind). Ist das Zufall?

Wie unwahrscheinlich war doch das zufällige Entstehen von Cytochrom C. Wie unwahrscheinlich ist dann das Entstehen einer komplexeren Lebensform oder erst des Menschen?

Das Universum ist seiner unvorstellbaren Größe zum Trotz dennoch nicht groß genug, um auch nur einen einzigen seiner Lebensansätze wiederholen zu können. Cytochrom C gilt als unwiderlegbares Argument gegen die Möglichkeit, dass es außer auf der Erde zur Entstehung von Leben gekommen sein könnte.

Jacques Monod bezeichnet also den Menschen und alle übrigen Lebensformen auf der Erde als einen außerfahrplanmäßigen Zufall, ohne jeden Zusammenhang mit dem Geschehen insgesamt und damit als sinnlos ...

Das wäre nur zwingend, wenn Cytochrom C, das zur Sauerstoffübertragung im Gewebe unentbehrliche Stoffwechselmolekül, ein Zufallsprodukt wäre. Das ist es aber nicht. Es ist das Produkt eines historischen Entwicklungsprozesses und entstand in einem stetig wirksamen, evolutiven Verbesserungsvorgang. Unbestreitbar kennen wir nur diese eine Lösung.

Das Auftauchen neuer, ähnlicher, aber eben doch anderer Baupläne am gleichen Punkt der Entwicklung wäre aber ebenfalls möglich gewesen.

Es könnte also im Lauf der historischen Evolution auch ein neuer Bauplan entstehen, »der die innere Atmung« ebenfalls gewährleisten würde. Dazu braucht es eine Mutation. Einen Fehler. Einen Fehler?

Nein – das ist die Schöpfung. Das ist Gott. Das ist meine Interpretation von Hoimar von Ditfurths Werk. Am Schluss fügen sich seine naturwissenschaftlichen und religiösen Aussagen nahtlos zusammen. Es gibt nur einen Kosmos, der zugleich als Schöpfung zu verstehen ist.

Das Weltbild muss nicht aus zwei Hälften bestehen. Man kann sie mit einem Brückenschlag zusammenfügen.

Im Lauf der Zeit ist die Bibel eine mythologische Aussage geworden. Angesichts der religiösen Überlieferung muss man den Mut aufbringen, zwischen der eigentlichen Botschaft und der sprachlichen Umhüllung zu unterscheiden.

Die alten Texte sind nur noch das nackte Gerüst der Wörter und Sätze. Es braucht eine neue Sprache, eine Umbettung der Botschaft in eine andere Form, eine Bildersprache, die uns so gegenwärtig ist, wie es die alten Texte waren.

Es ist die Sprache, in der die Naturwissenschaft heute den Kosmos beschreibt. Im Zentrum dieser Beschreibung steht der Begriff der Evolution!

Es ist überraschend, in welche Nähe zu uralten theologischen

Positionen man gerät, wenn man sich dieser Sprache zur Formulierung religiöser Aussagen bedient.

Die Tatsache der Evolution hat uns die Augen dafür geöffnet, dass die Realität dort nicht enden kann, wo die von uns erlebte Wirklichkeit zu Ende ist. Hinter der Öffnung unserer bisher so erbarmungslos geschlossen wirkenden Welt dürfen wir uns auch jenen Himmel denken, in dem nach religiösem Verständnis der Schlüssel liegt zum Sinn unserer unvollkommenen Welt.

Bio-Video-Fundbüro

Stürmische Begrüssung von Dr. Biolek in seinem kleinen, gemütlichen Aufnahmestudio bei Köln, wo ich in seiner Kochsendung eine Gerstensuppe herstellen musste.

Nachdem mir einige Hinweise gegeben worden waren, wie man das Gas an- und abschaltet, ohne in die Luft zu fliegen, wurde eine Klappe geschlagen und fünfundzwanzig Minuten lang gedreht.

Ich begann mit dem Schneiden des Lauchs, dem Anwärmen des Öls in der Pfanne und meinen Kochweisheiten: Schwester Rösli, meine Kinderschwester, hatte zum Beispiel festgestellt, dass Waage und Uhr in der Küche die wichtigsten Requisiten seien.

Während allerlei Fragen Bios, was ich eigentlich den ganzen Tag mache, dämpfte ich das Gemüse an; dazu schüttete ich vierzig bis sechzig Gramm Gerste, anderthalb Liter Wasser mit anderthalb Kaffeelöffeln Salz angereichert darüber und gab zweihundert Gramm schon geschnittenes Rindfleisch hinein. Dann Deckel drauf, köcheln.

Also – was mache ich so den ganzen Tag?

Wenn die Haushälterin nicht da ist, und sie ist oft nicht da, einkaufen, kochen, aufräumen, putzen, Briefe schreiben, Rechnungen zahlen, Katzen herein- und hinauslassen, zehn- bis dreissigmal ans Telefon, nach vermutlich gelöschten Radio-, Fernseh- und Computerprogrammen fahnden, Müll trennen, Eisschrank aus- und wieder einräumen, Fragebögen ausfüllen, in Fotos, Lebensläufen, Urkunden wühlen, Handwerker einfangen –

»Stopp«, rief Bio, »kenn' ich!« Und während wir die vorgekochte köstliche Suppe löffelten, stöhnte er komisch verzweifelt: »Es ist ja immer alles kaputt!«

Dann begann er den Milchreis vorzubereiten, ich stellte die Suppenteller nach hinten, Bio rührte Him-, Heidel- und Erdbeeren in seinen himmlischen Milchreis, häufte obendrauf geschlagenes Eiweiß mit Zucker und schob das Ganze in den Ofen. Dazu gab er die haarsträubendsten Verwicklungen über sein neues Faxgerät zum Besten, das mit Vorliebe arabische Schriftzeichen von sich gab, Telefongespräche unterbrach, in allen Tönen vor sich hinzwitscherte und -blinkte, bevor es endgültig stillstand.

Ich lief einige Male nach hinten zu meinem Suppenteller und tröstete: »Kenn ich! Mein abgestürzter Computer war einfach nicht eingesteckt.«

Der Obstmixer gab passenderweise im selben Augenblick den Geist auf, wir teilten uns den Rest, und schon waren die fünfundzwanzig Minuten um.

Dieses war der erste Streich und der zweite folgt sogleich.

Am nächsten Tag, dem 31. Januar, flog ich nach München, wo ich die Laudatio für den Deutschen Videopreis 1998 halten sollte. Ausgezeichnet werden sollten die Regisseure Caroline Link für *Jenseits der Stille*, Thomas Jahn für *Knockin' on Heaven's Door* und Helmut Dietl für *Rossini*.

Ich hatte mir das alles viel leichter vorgestellt. Die Lebensläufe und Kassetten der drei Preisträger kamen erst zwei Tage vor der Veranstaltung, die Texte musste ich entrümpeln und neu schreiben, den Videorecorder überlisten, Filme ansehen, zwischendurch mein fitnessgeschädigtes Bein zum Arzt bringen und vor allem Boutiquen abklappern, um ein würdevolles Kleid aufzutreiben.

In der ganzen Stadt fand ich nichts Passendes. Entweder waren die Röcke zu kurz oder zu lang, zu eng oder zu weit, zu traurig oder zu grell. So kam es am 5. Februar – am Abend war die Veranstaltung – in letzter Minute zum Panikeinkauf: ein himbeerfarbenes

Thierry-Mugler-Futteral, das mich beinahe meine ganze Abendgage kostete.

Die Wartezeit bis zum Abend verkürzte ich mit einem ausgiebigen Mittagsschlaf, wiederholte meine Laudatio zum fünfzigsten Mal, takelte mich auf, und schon wurde ich von Harald Leipnitz und seiner Ingrid in einer offiziellen Limousine abgeholt.

Mich überrieselte eine Gänsehaut, als der livrierte Chauffeur in der Residenz anhielt, den Wagenschlag aufriss und uns wie Staatsoberhäupter aussteigen ließ. Harald und Ingrid gingen voraus und waren längst oben am Kaisersaal angekommen, als ich, mit dem ständig hochrutschenden rosaroten Thierry Mugler kämpfend, immer noch die Freitreppe hochstöckelte. Schließlich hatte ich sie eingeholt und wir setzten uns an einen überfüllten Tisch, an dem schon Filmproduzent Buba Seitz, seine Frau Anneliese, die »Bunte«-Chefredakteurin und ein paar weitere berühmte Filmsäulen saßen.

Während des Essens lief ein endloses Programm von Begrüßungen, Filmausschnitten, Laudatien und Musikeinlagen über Bühne und Leinwand. Ich verstand kein Wort, weil ich heimlich den Text wiederholte und meinem Auftritt entgegenfieberte.

Die Veranstaltung war fast zu Ende, als ich gegen 23 Uhr endlich losgelassen wurde. Die Augen fielen mir schon zu vor Müdigkeit, die knackige Frisur stocherte traurig in der Luft herum, und der teure Minirock schrumpfte vor sich hin wie ein Akkordeon.

»Die Kunst ist schwer, und die Kritik ist leicht«, begann ich, vergeblich auf einen Lacher wartend, und fuhr eilig fort: »Dieser Satz von Philippe Néricault Destouches passt sehr gut hierher, denn mit Kunst haben wir es heute Abend zu tun.

Was nützt es den Filmemachern, wenn sie einen schönen Film gemacht haben und keiner geht rein?

Nun, die Filme unserer drei Preisträger sind nicht nur Meisterwerke, sie sind auch ein Geschäft, würde Artur Brauner sagen.

Alle drei erzählen ihre Geschichte mit Lust und Leidenschaft und haben damit das Publikum im Sturm erobert.

Jeder hat auf seine Weise zur Belebung des deutschen Films beigetragen. Aber als Stellvertreter für diesen Boom würden sie sich nicht wohl fühlen. Zu Recht. Denn was hinterher gern vereinfachend als einheitliche Entwicklung beschrieben wird, ist die Summe hervorragender und sehr unterschiedlicher Einzelleistungen ...! Haben Sie diesen Satz verstanden? Ich auch nicht.« (Er war nicht von mir.)

»Caroline Link«, begann ich feierlich von neuem, »hat mit *Jenseits der Stille* unbeirrbar und fantasievoll aus einer kleinen Geschichte großes Kino gemacht. Sie hat damit Herz und Verstand von Millionen berührt. Ihre Produzenten Jakob Claussen, Thomas Wöbke und der kürzlich verstorbene Luggi Waldleitner haben ihr die große Chance gegeben, und sie schaffte den Durchbruch auf Anhieb. Mit ihr Silvie Testud, die Hauptdarstellerin. Schon die Erlernung der Gehörlosensprache verdient größte Bewunderung. Ein eigenwilliges, faszinierendes, neues Gesicht.

Auch Thomas Jahn gelang mit seinem überragenden Erstling *Knockin' on Heaven's Door* ein Volltreffer. Er ist eine Naturbegabung, die nur in Kinobildern denkt. Nicht ganz leicht für seine Frau, wenn er immer aus dem Bild geht. Sein Mitproduzent und Hauptdarsteller Til Schweiger ist allerdings kein Neuling mehr. Er sprengt seit Jahren die Leinwand und sämtliche Kinokassen. Hier haben sich zwei Gleichgesinnte gesucht und gefunden. Sie haben einen dollen Film gemacht, in dem sich zwei Todgeweihte ein letztes Mal in ein gefährliches Abenteuer stürzen.

Und jetzt zur *Rossini*-Oper von Helmut Dietl. Als ich den Film sah, dachte ich sofort an Federico Fellini. Ich bin sicher, er hätte große Freude gehabt an diesem Spiel von Liebeslust und -leid. Es ist ein Schauspielerfilm. Veronica Ferres, Gudrun Landgrebe, Götz George, Heiner Lauterbach, Mario Adorf, Hannelore Hoger, Jan

Josef Liefers, jeder ein Hauptdarsteller. Helmut Dietl sorgte schon beim Fernsehen jahrelang mit seinen witzigen und brillanten Geschichten für atemlose Spannung vor dem Bildschirm. Seine drei Kinofilme zählen heute schon zu den einsamen Gipfeln der deutschen Filmalpen. Er ist ein kompromissloser Perfektionist und niemandem einen Beweis schuldig. Er muss nur noch sein Versprechen einlösen, sehr bald sehr viele neue Filme zu machen.

Der deutsche Videopreis 1998 geht an drei außergewöhnliche Regisseure, die ausdrücklich für ihre Einzelleistung geehrt werden. Sie haben uns mit ihren herausragenden Filmen ein super Kino- und Videojahr geschenkt.«

Und die Moral von der Geschicht'? Diese Rede wurde in der Aufzeichnung fast ganz herausgeschnitten. Ich wollte sie nicht umsonst gelernt haben. Hier ist sie in voller Länge!

Dieses war der zweite Streich und der dritte folgt sogleich.

Am Freitag, dem 6. Februar, musste ich wegen eines hereingeflickten Fernsehinterviews eine spätere Maschine nach Genf nehmen, dafür war es ein Nonstopflug. Pünktliche Ankunft um 20.30 Uhr, Karawane durch die Korridore, an der Passkontrolle vorbei zum Gepäck, das heute besonders lange auf sich warten ließ.

Schließlich wälzte sich mein zerbeulter weißer Schuhkoffer auf dem Laufband heran, den ich auf den Boden stellte, bevor ich den neuen grauen Samsonite, Tells Geburtstagsgeschenk, ergreifen konnte.

Nanu, dachte ich, warum hat man ihn mit einem roten Band umwickelt?

Ein höflicher Passagier stellte ihn auf meinen Gepäckwagen, aber ich schüttelte bedauernd den Kopf: »Das ist nicht meiner«, und ließ ihn wieder herunterplumpsen.

Noch rollten einige Kleidersäcke und Taschen an mir vorbei – nun könnte er eigentlich kommen, fand ich, statt dessen blieb das

Förderband stehen, und jetzt war weit und breit auch niemand mehr zu sehen, außer drei dunkel gekleideten Herren, die sich etwas gelangweilt im Hintergrund unterhielten. Bei näherer Betrachtung des immer noch neben mir stehenden, rotverschnürten Gepäckstücks entdeckte ich, dass es abgeschlossen war, was ich regelmäßig zu vergessen pflegte, und dass auf dem Etikett ein englischer Name stand. Bevor ich irgendeinen Entschluss fassen konnte, kam einer der drei unauffälligen Herren, ergriff den Koffer und eilte damit zum Ausgang.

Mir blieb nichts anderes übrig, als dieselbe Richtung einzuschlagen, nicht ohne dem freundlichen älteren Zollbeamten zuzurufen, ich käme gleich wieder, ich müsse den Verlust melden und draußen Bescheid geben, da man auf mich warte. Er nickte mitfühlend und zeigte mir den Weg zum Reklamationsbüro.

Nachdem ich Catherine gefunden und ihr mein Leid geklagt hatte, verstaute sie schon mal den Schuhkoffer in ihrem Wagen, und ich stand vor den inzwischen geschlossenen Türen der Gepäckausgabe. Ich benützte den verbotenen Personaleingang und meldete das Missgeschick, füllte Formulare und Fragebögen aus, ohne mich besonders aufzuregen. Es war ja nicht das erste Mal.

Gegen 22 Uhr lieferte mich Catherine zu Hause ab, und ich sank nun doch ziemlich erledigt mit den zehn Paar Schuhen auf mein gelb-violettes Sorgensofa.

Ich machte mir nicht allzu viele Gedanken, rief aber am nächsten Tag schon mal die Lufthansa an, die nichts Neues wusste. In München antwortete der Auftragsdienst, denn es war ja Samstag, und der Travel Club der Swissair, der Freund und Helfer in allen Lebenslagen, hatte damit nichts zu tun.

Am Sonntagmorgen um neun Uhr ging das Telefon. Na endlich, dachte ich, nach dem Frühstück hole ich ihn ...

Es war tatsächlich die Lufthansa.

»Keine Spur von Ihrem Gepäck«, tönte eine amtliche Stimme aus der Muschel.

»Das ist eine Katastrophe«, rief ich entsetzt. »Alle meine Papiere sind da drin, Wertgegenstände, Computer, meine gesamte Garderobe!« Ich dachte voller Schrecken an das neue Luxuskostüm.

»Sie haben doch sicher noch etwas zum Anziehen«, bemerkte der Angestellte kühl. Was sollte er auch sonst antworten an einem Sonntagmorgen früh, wenn andere noch im Bett liegen?

Am Montag wurde ich dann energisch. Als erstes erreichte ich den Anrufbeantworter der Gepäckabteilung in Genf. »Bitte warten, bitte warten«; der nette Lufthansadirektor, der mir vor einigen Jahren seine Hilfe bei Notfällen angeboten hatte, ließ mich grüßen; der »Bayerische Hof« in München hatte keinen verwechselten Samsonite gefunden; und am Franz-Josef-Strauß-Flughafen stöhnte der Zuständige, den ich nach fünf bis sechs Anrufen erwischte, man könne nicht mehr nachprüfen, warum um den Koffer ein rotes Band geknüpft worden sei. Inzwischen befürchtete ich nämlich, dass er nicht verirrt, sondern geklaut worden war. Ich hatte ja selbst zugesehen, wie einer der drei dunkel gekleideten Herren das gute Stück seelenruhig ergriffen hatte und damit verschwunden war.

Auf jeden Fall begann nun eine Brief-, Fax- und Telefonorgie, die es in der gesamten Luftfahrt nie wieder gegeben hat.

Ich meldete den Schaden bei der Schmuckversicherung an, da meine beiden letzten Halsketten, die die Einbrecher 1995 nicht gefunden hatten, nun auch weg waren. Dann benachrichtigte ich die Hausratversicherung, von der eine voraussichtliche Abfindung von 5000 Franken für den gesamten Inhalt zu erwarten war, inklusive Himbeerkostüm, das allein schon über die Hälfte kostete.

Von der Fluggesellschaft erfuhr ich, es würden 26 Franken pro Kilo vergütet, bei 30 Kilo etwa 720 Franken.

»Schicken Sie uns eine Liste sämtlicher im Gepäck befindlicher Gegenstände«, empfahlen Versicherungsvertreter und Abteilungsleiter. »Mit den Kaufbelegen.«

»Jawohl«, antwortete ich gehorsam, denn ich ahnte nicht, was da auf mich zukam. Ich begann tagelang in Uraltordnern nach Quittungen zu wühlen, die zwar zum Teil etwas vergilbt oder angefressen, aber immer noch leserlich waren.

Nach ungefähr fünf bis sechs Tagen hatte ich fast alles gefunden und brauchte einen weitere Woche, bis die Belege kopiert, registriert und abgeschickt waren. Die unendliche Mühe, die mich diese Sisyphusarbeit kostete, wurde allerdings durch die damit verbundene Schadenfreude belohnt – ich hatte alle Quittungen, außer einer, gefunden.

Die Versicherungen mussten zahlen:

einen Koffer, einen Adresscomputer, eine schwarze und eine blaue Samthose, einen roten Trikotpulli, vier verschiedenfarbene Pullis, zwei Seidenblusen, eine blaue Tasche, ein Paar Haftschalen, drei Leggins, drei Strumpfhosen, fünf Paar Söckchen, zwei Paar Wollsocken, zwei Bodys, sechs Slips, zwei BHs, zwei Nachthemden, zwei Tailleurs, einen blauen Burberry-Mantel, einen Regenmantel, einen Kimono, ein Perlencollier, ein Quarzcollier. Außerdem hatten sich in dem Koffer befunden: Agenda, Verträge, Tagebuch, Reiseschecks, Quittungen, Medikamente, Toilettegegenstände, Seidenschals, Brillen, Morgenhauben …

Am 11. Februar faxte ich die Liste, einen Polizeirapport und den Lufthansabrief vom 9. Februar an das Reklamationsbüro in Genf. Dieses rief umgehend zurück, sie bräuchten jetzt noch Flugticket und die Gepäckabschnitte. Auch das kopierte ich auf meinem Burex, reichte es nach und glaubte, damit sei der Fall erledigt.

Merkwürdig, dass ich nie von meinem Koffer träumte. Das tut man nur, wenn etwas nicht in Ordnung ist, behauptete mein Traumbuch.

Offenbar war dieser Zwischenfall für mich kein wirkliches Problem. Der materielle Schaden hielt sich ja auch in Grenzen. Aber das Papier- und Telefongemetzel schien nie mehr aufhören zu wollen.

Den ganzen Februar versuchte ich die Lawine unaufschiebbarer Maßnahmen unter Kontrolle zu bringen: Sperren der Euro- und Reiseschecks; Bestellen neuer Haftschalen; Anschaffen einer neuen Ladeschnur des Handys; Ersetzen von Unterwäsche, Pullovern, Hosen, Blusen; Nachtragen des verlorenen Tagebuchs; neue Liste für die Schmuckversicherung, die alle bereits abgesandten Belege ein zweitesmal verlangte – ich musste den Chef einschalten; eine weitere Liste für die Hausratversicherung; Reparatur des restlos überarbeiteten Kopierapparates ...

Ende Februar konnte ich bereits auf zweiundzwanzig Anrufe, sieben Briefe, sieben Faxe und drei Listen zurückblicken, die Antworten nicht gerechnet.

Inzwischen war März und immer noch kein Ende des Nachforschungsgetümmels abzusehen. Telefon, Computer und Fax hatten bereits unübersehbare Materialermüdungen, von meinem Kopf ganz zu schweigen. Die Polizei hatte sich nach längerem Gejammer nun auch eingeschaltet, die Versicherungen forderten immer neue Quittungen an, die Lufthansa telefonierte auf dem ganzen Erdball herum, und ich nahm Verbindung mit Konrad Toenz von XY auf.

Ende März zählte ich einundsechzig Anrufe, neun Briefe, sieben Faxe und ebenso viele Antworten.

Am 2. April entkam ich Telefon, Computer und anderen Elektromonstern, denn ich musste in Bremen ein Schiff taufen. Es handelte sich um die »Swiss Coral« von Scylla Tours, einer schweizerischen Schifffahrtsgesellschaft.

Nachdem ich mit dem neu gekauften Koffer auf dem Flugplatz Genf die Rolltreppe hinuntergefallen war, bestieg ich die Lufthansamaschine nach Bremen.

Bei der Zwischenlandung in München erkundigte ich mich vergeblich nach dem Fundbüro. Eine Angestellte klärte mich auf, dass liegen gebliebenes Gepäck innerhalb von fünf Tagen nach Frankfurt geschickt werde.

Auf dem Flugfeld Bremen wurde ich vom Empfangskomitee Ewald Baumann und Maskenbildnerin Erika Heger in einem etwa zehn Meter langen Lincoln mit Chauffeur abgeholt und ins »Marriott« gefahren, wo in der Präsidentensuite bereits vier Blumensträuße auf mich warteten.

Bei der Taufe am 3. April stürmte und goss es allerdings in Strömen, das Rednerpult stand unter einem riesigen Regenschirm, aber nach einigen markanten Sätzen über die schweizerische Gebirgsmarine ließ ich die Champagnerflasche beim ersten Mal am Bug zerplatzen, alles andere war unwichtig. Es folgte ein Galadiner auf einer Fahrt nach Vegesack in Gegenwart der Besitzer, Herrn und Frau Reitsma, und ich erlebte neben Kapitän Magner die Versenkung des Führerhauses unter niedrigen Brücken und die Millimetermanöver durch die Schleusen.

Auf dem Rückflug am 4. April gab es einige Hindernisse. Die Lufthansamaschine blieb eine halbe Stunde auf dem Rollfeld stehen, dann musste ein Engländer aus- und wieder einsteigen, und als wir in Genf ankamen, stellte er fest, dass alle seine Koffer nicht mitgekommen waren.

Zu Hause erwartete mich die gewohnte Papier- und Telefonschlacht. Zwar betraf sie mehr Tells Abreise nach Korea und Buebis vierzigsten Hochzeitstag, aber immer wieder kamen Zeitungsmeldungen, Rückfragen und Versicherungsangebote, die mich an den verschollenen Koffer erinnerten, der möglicherweise verzweifelt neben mir gestanden hatte, bevor er verschwunden war.

Am 17. April – die Ostertage waren gerade überstanden – verbrachte ich den ganzen Morgen mit allerlei Geschenkverwicklungen. Zuerst packte ich Tells Reiseapotheke, dann Buebis hölzernen

Napoleon und zuletzt das Bärenbarometer für seine Frau in Weihnachtspapier und verschnürte sie mit kunstvoll gelockten Bändchen.

Befriedigt betrachtete ich die vielversprechenden Päckchen, räumte Schnipsel und Schleifchen weg, schaute auf die Uhr und holte die Post aus dem Briefkasten.

Als Erstes bemerkte ich eine gelbe Abholkarte des Bahnhofs Lausanne.

Was soll ich denn jetzt schon wieder in Lausanne?, dachte ich, drehte das Papier um und las auf der Rückseite: »1 valise – 1 Koffer.« Datum: »7. 2. 1998.«

Hmm?

In meinem Kopf begannen die Rädchen zu rattern.

Ich rief am Bahnhof an. Ob der Koffer grau sei?

»Ja«, antwortete eine tiefe Stimme. »Er ist grau mit Braun. Holen Sie ihn bitte ab, er ist seit dem 7. Februar hier.«

»Uaaaaaaaaaahhhhhhhhhh!«

Ich sauste wie Niki Lauda zum Bahnhof. Da stand mein »Eckhaus«, ich erkannte es sofort. Es war nicht verschnürt. Der Gepäckabschnitt war abgerissen, dagegen hingen meine Adresse und der Zettel der Rail Baggage eines früheren Flugs mit Bahnexpress noch am Henkel.

Aha!

Siebzig Anrufe, zwanzig Briefe, Faxe und ebenso viele Antworten waren jeden Tag durch sämtliche Postämter des In- und Auslands geflattert. An das Fluggepäck am Bahnhof hatte niemand gedacht.

Der Koffer war nicht abgeschlossen. Er war nicht einmal geöffnet worden.

Es fehlte nichts.

Dieses war der dritte Streich und der letzte auch zugleich.

DIE JUBILARIN

Unser Leben währet siebenzig Jahr, und wenn's hoch kommt, so sind's achtzig Jahr, und wenn's köstlich gewesen ist, so ist's Mühe und Arbeit gewesen. – Psalm 90, 10.

Siebenzig Jahr! Nun stand ich kurz davor und fühlte mich gar nicht so. Ich hätte es sicher bis kurz vor dem 11. Oktober einfach vergessen und dann mit einem etwas besser besuchten Nacht-essen hinter mich gebracht. Wenn ich nicht auf den Abschuss-listen von Journalisten, Redakteuren, Moderatoren, Produzen-ten, Agenten, Fotografen, Versicherungen, Bankdirektoren, Verlagen und Museen gespeichert gewesen wäre.

Kurz nach Neujahr ging's los. Auf die oft gehörte Frage: »Was machen Sie eigentlich den ganzen Tag?«, hatte ich einer Journa-listin geantwortet: »Schreiben.«

Nun stand es in allen Zeitungen. Und schon kam die Anfrage des Verlags: »Stimmt das?« und meine geschmeichelte Antwort: »Naja.«

Ablieferungstermin Ende Juli, großer Bahnhof auf der Frankfur-ter Buchmesse im Oktober. Kurzgeschichten waren geplant. Da hatte ich ja noch einige auf Lager, die aus den vorigen Bänden he-rausgestrichen worden waren, frühe Zeitungsartikel, Anekdoten, Schulaufsätze. Ich machte mir keine Sorgen, nebenbei konnte ich das Gästebad und -zimmer renovieren, die diversen Geburtstage feiern, Fernsehauftritte und Fotoreportagen erledigen, reiten, schwimmen, einkaufen, herumreisen ..., dachte ich.

Ich schrieb ein bisschen, las ein bisschen, verbiss mich ein biss-chen – ja, es kam einiges zustande.

Aber kaum war ich so richtig in Fahrt, ging das Telefon oder die Hausklingel, Badezimmer-Fliesenplättchen, Apparate, Heizungen, Lampen wurden geliefert, meistens die falschen oder zu wenig, mussten ausgepackt oder zurückgeschickt werden. Catherine war natürlich gerade weggefahren, also war ich der Sündenbock, Tür auf, Tür zu, Hörer ab, Hörer auf, Fax an, Fax aus, Kaffee für den Elektriker, Bier für den Maurer, Wasser für den Maler, Spaghetti für die Hausfrau, Tisch decken, Tisch abräumen, Geschirrspüler klipp, Geschirrspüler klapp – endlich konnte ich das neue Kapitel ins Reine schreiben.

Der Computer tippte, aber auf dem Drucker rutschte das Papier durch. Selftest – es erschienen lauter Kringel, Vierecke und das ganze Alphabet. Zwei Stunden suchte ich in der Gebrauchsanweisung nach den Gründen oder ähnlichen Vorkommnissen und erfuhr alles, nur nicht, wie man das Buchstabengewitter abstellen konnte. Schließlich entdeckte ich den Übeltäter auf der vorigen Seite: das Seitentrennungszeichen stand über statt unter dem Strich.

Nun war der Nachmittag vorbei und der ausgedörrte Garten musste gegossen werden.

Der Verlag drängte: »Geht es nicht ein bisschen schneller?«

Das Filmmuseum erkundigte sich: »Wann können wir die Sammlung abholen?«

Talkshows telefonierten fast täglich: »Wir warten auf Sie.«

Fotografen löcherten: »Eine Titelgeschichte!«

Ein Film: »Bombenrolle im Altersheim mit Ende beim Sexeln.«

Eine CD: »Alle Grotheschlager aus den Hoffmannfilmen.«

Ein Porträt: »Zehn Tage plaudern mit den Lieblingspartnern.«

Der Mutter grauset's, sie reitet geschwind,
O rettetet dieses Geburtstages Kind.

Am 14. Juli verfasste ich ein zerknirschtes Fax an meinen Verleger, »dass Wunder doch etwas länger dauern«. Das war der leicht abgewandelte Titel meiner versammelten Kurzgeschichten.

Aber da war noch etwas anderes.

Ich wusste es seit Wochen: Ende Juli begannen die Ferien. Auf einen Schlag fuhren alle weg, Verwandte, Bekannte, Ärzte, Angestellte, Handwerker – die Geschäfte, Restaurants und andere Vergnügungsstätten waren geschlossen. Als Erster verabschiedete sich Tell mit Kerstin und Pascal für zwei Wochen. Ihm folgten Catherine, ebenfalls für zwei Wochen, ihre Vertreterin Antonella für drei Wochen, und auch der Hausarzt sperrte seine Praxis zu.

»Dann fahre ich eben auch weg«, frohlockte ich.

Aber wohin bei dieser Hitze, Ferienstaus auf den Autobahnen und in überfüllten Hotels? Umsonst nannte ich meinen vollen Namen – es nützte nichts. Entweder ich zahlte 500 bis 600 Franken pro Nacht oder ich verzichtete.

Nun saß ich bei dreißig Grad auf meiner Terrasse, starrte auf den lieblich gekräuselten See, wo übermütige Wasserratten herumtollten, Motorboote und Segelschiffe dahinzogen, hörte die jungen Mieter des Nachbarchâlets verliebt zu ihrer Rockmusik quietschen und lachen ...

Abends zappte ich wie eine versteinerte Uroma am Fernseher herum, schrieb Tagebuch, fütterte die Katze oder telefonierte mit einigen übrig gebliebenen Getreuen.

Ich kam mir vor wie auf dem Mond. Da gab es nicht mehr viel zu jubeln. Die Ferien brachten es an den Tag: Herz und Gefühl waren ebenfalls in den Urlaub gefahren. Bitte nicht stören.

Handeln!

Ich rief Helmuts Freund Karl Rauh in Rottach-Egern an.

Er und seine Frau Karin waren ganz begeistert und boten mir eines der schönsten Zimmer des ganzen Hotels an.

Am nächsten Tag machte ich mich in brütender Hitze auf den Weg über die unzähligen Autobahnbaustellen an den Tegernsee. Ich brauchte neun Stunden.

Auf dieser Fahrt beschloss ich, mein Leben zu ändern.

LÖWEN-LILLY

Klein, aber oho!

Einssechsundfünfzig groß, schlank, weißblonde Kurzfrisur, blaue, allwissende Augen, Elefantengedächtnis, bittersüßer Witz und vor allem – Geduld mit den unabsehbaren Brief- und Paketlawinen, die sie jahrzehntelang für mich bewältigte.

Ihr Lebenslauf lautet nach ihren eigenen Angaben vom 31. März 2000 folgendermaßen:

Liebe Liselotte,

hoffentlich kannst Du das Geschmiere lesen – ich habe mir heute früh bei einem »Hinfall« nach hinten an die Küchentür – wahrscheinlich Luftleere im Kopf – den Mittelfinger aufgeritzt (nicht gebrochen).

Also: Lilly Zucker, geboren am 4. August 1904 in Wien im V. Bezirk (Mittelstandswohnviertel – noch heute so) zuhause, nur das »Volk« gebar im Spital. Das ungewollte Kind kam ins Kloster nach Stadlau (Vorort), wo Vorschulkinder, die Pflege brauchten, von liebevollen jungen Nonnen katholisch aufgezogen wurden. Zurück nach Wien mit sechs Jahren. Bis dahin war mein Vater, Speiseölexperte, Prokurist der Ölwerke AG., ständig zum Ernteeinkauf in dem damals noch sehr großen K.u.K. auf Reisen und wollte seine vergötterte Frau neben sich haben.

Als ich sechs war, hatten sie als Protestanten die blödsinnige Idee, mich in die deutsche protestantische Privatschule einzuschreiben – für Sechs- bis Vierzehnjährige. Dann erkämpfte ich mir das Piaristengymnasium für die Oberstufe bis zum Abitur.

Anschließend wollte mein Vater mich in die Handelsakademie stecken – aber ich wollte Anglistik studieren.

Krach – ich musste als »Erzieherin« (ich war neunzehn) nach Budapest in ein Großindustriellenhaus, wo ich zwei Jahre arbeitete. Zurück in Wien, studierte ich Anglistik, Germanistik und gab Sprachunterricht.

1929 ging ich nach bestandener Aufnahmeprüfung nach London ans King's College, London University, und unterrichtete privat bis 1939 an drei Schulen und beim Foreign Office.

Geheiratet habe ich 1938 meinen langjährigen Freund Hugh Gibbs, den »cotton slave«, wie er sagte – er kaufte für die größte amerikanische Firma Baumwolle auf der ganzen Welt ein, abgesehen von Australien, die hatten Schafe.

Hugh war ein Antifamilienmensch: er heiratete mich, damit ich nicht ausgewiesen wurde und erklärte, er habe volles Vertrauen in mich. Er starb 1951, als ich bereits bei der B.I.Z. in Basel arbeitete.

Nach einundzwanzig Jahren wurde ich pensioniert und ließ mich in Genf nieder, wo ich noch immer lebe.

Ich lernte Lilly am 4. August 1965 an ihrem einundsechzigsten Geburtstag durch meinen Frauenarzt Prof. Hubert de Watteville kennen. Da ich seit meiner Heirat 1961 mit Helmut meine Zelte in Perroy, Kanton Waadt, aufgeschlagen hatte, verbrachte ich nur noch wenige Wochen im Jahr in München, wo meine bisherige Sekretärin Anneliese Sandow wohnte. Ich musste mir ein neues Opfer suchen und fragte Madame Gibbs an diesem denkwürdigen Sommertag mit türhereinfallendem Notstandtremolo: »Hätten Sie Lust, mein Papierbergwerk zu entrümpeln?«

Sie überlegte nicht lange. »Ich kann es versuchen«, lächelte sie viel versprechend – und machte es über dreißig Jahre lang; sozusagen als Freizeitbeschäftigung, denn sie arbeitete aushilfsweise auch an der Maternité in Genf für Professor de Watteville im Labor und gab privaten Sprachunterricht in Englisch und Französisch.

Zum Glück wusste sie nicht, worauf sie sich da eingelassen hatte: jede Menge Autogramme, Einladungen, Absagen, Kochrezepte, Horoskope, Lebensläufe, Heiratsanträge, Geldanleihen, Rechnungen, Geburtstags-, Weihnachts-, Osterkarten, Vollkleben Dutzender Zeitungs- und Fotoalben.

17 Lilly

Mit zweiundneunzig Jahren gab sie die Massensendungen an Elisabeth Guillet ab, eine ihrer Schülerinnen, und beantwortete nur noch besonders originelle Zuschriften mit zum Teil seltenen Beilagen. Hie und da flog sie ein bisschen nach Wien, England oder Kanada, um Freunde zu besuchen und verbat sich hart, aber herzlich etwaige Ratschläge.

Am 28. Mai 1999, kurz vor ihrem fünfundneunzigsten Geburtstag, ereignete sich die Katastrophe: Im Supermarkt Migros rutschte sie auf dem frisch eingeseiften Fussboden aus und wurde mit einem Oberschenkelhalsbruch ins Kantonsspital Genf eingeliefert. Drei Monate Krankenhaus bei brütender Sommerhitze, schnarchenden Bettnachbarinnen und einsilbigen Pflegerinnen. Wenn ich sie dann mit Erdbeeren oder Zuckerbrötchen ausgerüstet besuchte, saß sie zerbrechlich, aber kerzengerade und mit frisch gewaschener Bluse in ihrem Rollstuhl und erzählte mit grimmigen Seitenblicken, wie oft die Patientin im vierten Bett nachts gewickelt worden sei oder wie lange sie am Waschbecken Schlange gestanden habe.

Ende August teilte sie dem versammelten Personal mit, dass sie nächste Woche in ihre Wohnung zurückkehren werde. Weder Ärzte, Freunde, noch sämtliche an die Wand gemalte Teufel konnten sie davon abhalten, und so zog sie am 2. September, von einer Schwester begleitet, in ihre um die Ecke liegende Dreizimmerwohnung um. Mit portugiesischer Putzmammi, Arzt, Apotheker, List und Tücke trippelte sie mit ihrem Gehgestell in den eigenen vier Wänden herum und lud mich sogar zu ihren stadtbekannten knusprigen Pastetchen und Vanillepudding ein.

Am 31. Oktober konnte ich sie telefonisch nicht erreichen und rief ihre Freundin Elsi de Watteville an, die erst neunzig geworden war und sich auch gerade von einem Oberschenkelhalsbruch erholte. »Lilly ist wieder im Spital«, meldete sie betrübt, »Sie ist in der Wohnung hingefallen und hat sich den linken Ellbogen gebrochen.« Ein Gespräch am nächsten Morgen mit einer ärgerlichen Lilly im Krankenhaus bestätigte die Hiobsbotschaft.

»Ich bin in Gips«, knurrte sie. »Die Operation war vor drei Tagen. Aber am Freitag gehe ich nach Hause.« Heute war Montag.

»Aber – wieso – das ist doch –«, stotterte ich entsetzt.

»Es ist alles bestellt«, unterbrach sie mich. »Das Essen wird gebracht, zweimal pro Woche kommt eine Sozialhelferin und einmal die Frau des Portugiesen.«

»Ist denn dem Bein nichts passiert?«, fragte ich vorsichtig.

»Nein«, antwortet sie mit fester Stimme. »Es hat sich nur eine Schraube gelockert. Aber das war schon vorher.« Kurze Pause. »Der Professor hofft, dass sie nicht herumwandert.«

Am 23. November musste sie zur Kontrolle. Sie schilderte den Arztbesuch in den greulichsten, aber tragikomischsten Farben: die Hilfsschwester, die sie abholte, habe ihr beim Erklimmen der Treppe keinen Halt, sondern den Rest gegeben, sie sei die Stufen vor ihrem Haus mit steifer Hüfte und Gipsarm allein hinaufgekrochen. Aber die Schraube müsse wahrscheinlich entfernt werden.

Mit dem Mut der Verzweiflung, äußerster Vorsicht und der Hilfe ihrer Freunde schaffte sie mehrere Wochen Ferien vom Krankenbett und brachte auch noch die Festtage inklusive Silvester über die Runden.

Am 2. Januar 2000 wünschte ich ihr ein schönes neues Jahrtausend – aber schon zwei Tage später antwortete sie am Telefon matt und traurig: »Die Wanderschraube ist so groß wie ein Tennisball geworden – sie muss heraus.«

Am 14. Januar 2000 wurde sie ein drittes Mal operiert – Schraube, Geschwulst und Damoklesschwert waren entfernt.

Ich besuchte sie etwa nach einer Woche zu Hause. Sie war etwas dünner, blasser, aber unbesiegt und bestand darauf, das Pastetchen selbst zu servieren.

Am 12. März wollte sie aber nicht mehr, dass ich komme. Sie

habe sich gut erholt, aber jetzt eine Darmkolik erwischt. Sie sei schwindlig und schwach, außerdem habe sie schon gegessen ...

Um zehn nach zwölf war ich bei ihr, mit Pralinen zum Stopfen, Salzstangen, Fernsehzeitung und zehn Tulpen bewaffnet.

Sie war ganz durchsichtig und klein, hatte aber lebhafte Augen, gepflegte Haare und das Pastetchen schon auf dem Herd. Während ich das köstliche Blätterteiggebilde verschlang, berichtete sie über den nächtlichen Wettlauf mit dem Darmexpress ins Badezimmer, dass sie fünf Kilo abgenommen habe und nur noch dreiunddreißig Kilo wiege. Aber die Abführung habe sich beruhigt.

Während ich in der Küche etwas Ordnung machte, rief sie mir plötzlich laut und unternehmungslustig zu: »Kommst du mit mir hinunter zum Briefkasten? Allein geht es noch nicht.«

Ich nahm ihren Arm, führte sie zum Lift, holte die Post aus dem Kasten und ließ sie vor der Haustür ein wenig frische Luft schnappen. Zurück von dem kleinen Ausflug, setzte sie sich mit einem glücklichen Seufzer in ihren Sessel. Ein leichter, rosa Schimmer lag auf ihren Wangen und ihre Augen glänzten. Ich suchte schon mal meine Siebensachen zusammen und wollte mich verabschieden, da hielt sie mir eine Pinzette unter die Nase und strahlte: »Bitte zupf mir am Kinn die Barthaare aus, so kann ich doch nicht herumlaufen!«

TIRILI TIRILI TITTIRLI TITTIRLI TIRILITTITT

Vor einigen Jahren im Mai fragte Catherine, indem sie mir einen Kaffee auf die Terrasse brachte: »Stört Sie dieses Geschrei nicht?«

Ich war gerade unter meinem ausgefransten Sonnenschirm aufgewacht, spitzte die Ohren: »Was für ein Geschrei?«, und hörte auch schon einen durchdringenden Pfiff aus der Zeder.

»Ein Buchfink«, stellte ich fest, »was hat er denn?«

Bisher war er mir nicht aufgefallen. Aber nach Catherines Bemerkung begann mich die ununterbrochene Sirene im Garten auch zu stören. Der Vogel jodelte oben in der Zeder und war nicht mehr abzustellen.

Am nächsten Morgen saß er in aller Herrgottsfrühe bereits auf seinem Wachtposten und drückte im Abstand von dreißig Sekunden auf den Knopf, ohne eine Sekunde aufzuhören.

Gegenwehr erwies sich als zwecklos, denn als Catherine ihn mit Besen und Schaufelgeklapper zu vertreiben versuchte, schoss er im Sturzflug auf sie herunter, so dass sie lachend ins Haus flüchtete. Auch der Kater steckte nur noch die Nase aus der Balkontür und traute sich nach einigen Kamikazeflügen des rabiaten Familienvaters nicht mehr an sein geheimes Örtchen.

In den beiden folgenden Jahren ließen sich keine Finken mehr blicken. Entweder hatte sich der Kater gerächt, oder es gab anderswo süßere Körner.

Inzwischen war der Frühling 2000 mit einer ungewöhnlich frühen und langen Hitzewelle hereingebrochen. Diese tropischen Temperaturen führten zu ungeahnten Liebesbalzgewittern der Finken mit entsprechender Vervielfältigung. Ab morgens um fünf erscholl das Kriegsgeschrei der liebestollen Vögel auf der Zeder neben meinem Schlafzimmer und hörte bis abends um zehn nicht mehr auf.

Glücklicherweise fuhr ich jetzt zu einem Theaterbesuch nach Bern, wo ich mit meinem Patensohn Viktor Pulver, selbst Opernsänger, *Tosca* ansehen wollte. Die Interpretin der Titelrolle, Ursula Füri-Bernhard, riss das Publikum zu Begeisterungsstürmen hin. Sie stammte aus dem Emmental, wo es viele Finken gibt, und hatte die gewaltigste und leidenschaftlichste Stimme, die ich je gehört hatte.

Völlig verzaubert von diesem Theatererlebnis kehrte ich nach Perroy zurück, wo zunächst eine verdächtige Ruhe herrschte. Tatsächlich hatte Familie Fink aber nur ihren Sound in ein lustiges Tirilieren verwandelt, das auf ein Abklingen des Geschreis hinzudeuten schien.

Vier Tage später hatte ich schon wieder einen Termin in Dortmund, wo ich aus meinem unvollendeten Buch vorzulesen versprochen hatte.

Ich hatte den »Studebaker«, einen Schulaufsatz mit dem Titel »Mein zukünftiger Beruf« und die »Jubilarin« auserkoren und schob den letzten Beitrag auf den Gastgeber, Herrn Bodo Harenberg, ab. Er erhielt mit dem schweizerischen »Samichlaus« den grössten Applaus des Abends.

Zufrieden mit der etwas improvisierten Lesung, die mit einem witzigen Interview Bodo Bodenbergs endete, reiste ich nach Perroy zurück und gedachte, am Wochenende mal richtig zu faulenzen.

Am Sonntagmorgen wollte ich mich gerade auf die andere Seite drehen und weiterträumen, da begann es vor meinem Fenster zu zwitschern, zirpen und zetern, dass mir nicht nur Hören und Sehen, sondern auch das Lachen verging.

Ich stand auf, frühstückte, duschte, haushaltete – dann jagte ich die Katze unter die Zeder, spritzte mit dem Wasserschlauch in den Baum hinauf, klapperte mit Pfannendeckeln herum und beschimpfte das Finkengeschwader mit Schmier-, Schmutz-, Mist- und anderen Vornamen, die man aus dem Lexikon kennt. Aber die Teufelskerle schienen durch die abwechslungsreichen Geräusche eher angeregt als eingeschüchtert zu werden und schnatterten jetzt erst recht drauflos, als hätte man ihnen Feuer unter ihren Federhosen gemacht.

Einen Tag früher als vorgesehen rettete ich mich nach Berlin zum Deutschen Filmpreis, wo ich Gyula Trebitsch den Ehrenpreis überreichen und eine Laudatio halten sollte. Es war eine Erholung, die alten und jungen Kollegen zu sehen, in derselben Reihe wie der Bundespräsident Johannes Rau, der Regierende Bürgermeister Eberhard Diepgen, Kultur-Staatsminister Michael Naumann und Maximilian Schell zu sitzen und von der stehenden Ovation für Gyula Trebitsch auch ein paar Fünkchen zu erhaschen.

Mit einem Tag Verspätung kehrte ich nachhause zurück. Schon beim Hereinfahren in den Garten musste ich feststellen, dass den Finken mitnichten die Luft ausgegangen war, auch nicht mitneffen.

Sie trompeten jetzt bei den Nachbarn. Hunderte von Brüllaffen mussten auf den nahen Bäumen sitzen und sich gegenseitig ihr Leben erzählen. Weder von Blechbüchsen noch Knallerbsen beeindruckt, schwatzten sie Meisen, Spatzen, Amseln, Krähen und Flugzeuge in Grund und Boden.

Nach einem Kurzaufenthalt in Lausanne kehrte ich ins Haus zurück, auf ein Wunder hoffend.

Schepperndes Geplärr, diesmal auf der Fernsehantenne.

Ich schaltete die Vogelwarte ein: »Guten Tag«, flötete ich, bemüht, mich klar auszudrücken. »Wir haben hier eine Invasion von Finken. Wissen Sie Bescheid?«

»Finken?«, fragte eine Stimme aus dem Hörer.

Ich wusste es. Niemand verstand jemals etwas.

Ich begann von neuem: »Ich spreche nicht von Pantoffeln*, sondern von Vögeln.«

Hüsteln in der Leitung. »Von äh ... ach so ... Finken«, antwortete der Experte. »Sind Sie sicher, dass es keine Spatzen sind?«

»Ja, die mit den roten Bäuchen«, rief ich, bereits nach Worten ringend, »und mit weißen Flossen – nein – Federn unten, tirili tirili tittirli tittirli tittirlittitt ...!«

»Mhm mhm«, antwortete die Stimme, »und was ist damit?«

»Sie trällern von morgens um fünf bis abends um zehn ununterbrochen und fressen alle Beeren«, jammerte ich. »Wir haben schon auf sie geschossen ...« fügte ich etwas kopflos hinzu und brach erschrocken ab, sicher war es verboten.

»Das nützt nichts«, tröstete der Spezialist und schien ein Gähnen zu unterdrücken. »Die kommen sofort wieder. Aber die Brutzeit ist vorbei, es dauert also nicht mehr lange. Höchstens ein paar Wochen.«

Es war hoffnungslos. Es gab nur eins, wegfahren. Endgültig.

Am nächsten Tag überließ ich schadenfroh grinsend Haus, Garten und Geflügel ihrem Schicksal und fuhr mit dem frisch geschmierten Mercedes in die Berge.

Schon nach anderthalb Stunden hielt ich vor dem Hotel Ermitage in Schönried und bezog ein gemütliches Zimmer mit großem Balkon im ersten Stock. Endlich Erholung –. aufatmen – und vor allem Ruhe!

Ich öffnete das Fenster zum Garten, wo sich hohe Tannen im Sommerwind wiegten, holte tief Luft ... was war das?

»Tirili tirili tittirli tittirli tittirlititt ...!«

PFUINK!

---

* Als *Finken* werden in der Schweiz auch *Pantoffeln* bezeichnet.

Ich erzählte diese Geschichte einem Engländer und nannte den Vogel »a fink«.

Er lachte und korrigierte: »That's a finch. In English a fink is a very bad person!«

RÜCKBLICK

Da ich zu wenig Wunder zur Verfügung hatte, blätterte ich alte Aufsatzhefte durch und wählte drei Geschichten aus, die zwar keine großen Geheimnisse enthüllen, dafür aber die bereits früh entwickelte praktische Seite meines Charakters. Mit Sonne im Herzen, eifrigen Bemühen und wohlgefälligen Lebensweisheiten versuchte ich, meine Lehrer um den Finger zu wickeln und meine Noten aufzurunden.

Doch bei näherer Betrachtung
Stieg mit dem Preise auch die Achtung.

Dieser leicht abgewandelte Satz von Wilhelm Busch passt zu den Zeitungskolumnen, die ich dreißig Jahre später verfasste und die nicht mehr mit allem einverstanden waren.

Zwar blinzeln auch in diesen Beiträgen wunderliche Fügungen zwischen den Zeilen hervor, aber ebenfalls kritische Gedanken über den Ernst des Lebens.

19. April 1944

Vergangenheit und Zukunft

Soweit ich mich besinnen kann, dünkt mich die 8. Klasse das am raschesten verflossene Jahr. Der Herbst folgte dem allzu schnell vergangenen Sommer, Winter und Frühling verflogen wie wenige Wochen. Wie oft hatte ich mir am Anfang des Jahres vorgenom-

105

men, fleißig und brav zu arbeiten in den Stunden! Aber wie oft vergaß ich auch die guten Vorsätze und lachte mich halb krank. Man sagt im allgemeinen, in der zweitobersten Klasse sollte man etwas vernünftiger geworden sein. Zu meiner Schande muss ich gestehen, dass das bei mir nicht der Fall war. Einige Male stand ich als zerknirschte Sünderin vor der Türe. Es schien mir unbegreiflich, dass ich eines unschuldigen Lachens willen hinausgeworfen wurde. Manchmal verwünschte ich die Schule nach einer schlechten Probe oder wenn ich glaubte, eine Lehrerin sei ungerecht gegen mich gewesen. Trotzdem beneide ich die ausgetretenen Kameradinnen nicht im geringsten. Um keinen Preis möchte ich aus der Schule sein!

»Klasse II c« heisst es immer noch an unserer Klassentüre. Beleidigt blickte ich am Dienstagmorgen auf die Aufschrift. »Wir sind jetzt I c, das ist doch wichtig«, bemerkte ich zu Jacqueline.

Dieses letzte Sekundarschuljahr will ich jetzt genießen. Wenn mir etwas über die Leber kriecht, das mir nicht gerade angenehm ist, kann ich mich trösten: es geht ja nicht mehr lange. Im übrigen bildet ja die dreitägige Schulreise den Mittelpunkt des Sommerquartals! Darauf freut sich gewiss eine jede von unserer Klasse. Es ist etwas Einmaliges in der ganzen Schulzeit, frohe Erwartung auf diese Reise keimt gewiss in jedem Mädchenherzen.

Was mir die 9. Klasse besonders schön gestaltet, sind die neuen Fächer Chemie, Physik und Kochen. Diese Neuerung im Stundenplan erweckt in mir Interesse und Begeisterung. Meine ältere Schwester fachte in mir die Zuneigung zu diesen Fächern an. Etwas Interessanteres als die Versuche in der Chemie kann ich mir nicht vorstellen. Auch das Kochen wird mir später als Hausfrau nützlich sein. Ich weiss von meiner Schwester, wie gut der Unterricht und die Anweisungen in der Kochkunst hier sind. Als meine Mutter den Arm gebrochen hatte, zeigte es sich, wie nützlich dieses Fach ist, denn Corinne kochte alle Mahlzeiten allein. Wenn meine

Schulzeit im Monbijou endgültig beendet ist, habe ich die Absicht, das Examen für die Handelsschule zu machen. Die große Frage ist nur, ob ich es bestehen werde. So heißt es jetzt aufpassen in den Stunden, damit ich Nutzen aus ihnen ziehe.

9. Mai 1944

Helfen statt hungern

Im letzten Frühling verbrachte ich meine Ferien bei uns bekannten Bauern, um auf dem Lande zu helfen. Es war ein herrlicher Aprilmorgen. Die ganze Familie samt Knechten und Dienstmädchen saß in der Essstube beim Frühstück.

»Heute nachmittag werden Kartoffeln gesetzt. Alle helfen mit«, erklärte der Bauer mit herrischer Stimme, indem er mir mit den listigen Äuglein vielsagend zublinzelte. Ich konnte allerdings dieses Vergnügen in vollem Maße auskosten. Den ganzen Morgen musste ich die kleinen Harassen mit Kartoffeln füllen. Hernach erhielt ich den Auftrag, alle Harassen, 75 an der Zahl, mit dem zehnjährigen Söhnchen die Kellertreppe hinaufzutragen und auf den bereitstehenden Wagen zu laden. Schwitzend und keuchend beförderte ich die schweren Kistchen auf den Wagen, wobei ich natürlich die Hauptarbeit zu verrichten hatte, denn der kleine Werni schaute mir hauptsächlich nur zu und schilderte mir des langen und breiten seine neue Lokomotive, wobei er so in Anspruch genommen wurde, dass er unmöglich zu gleicher Zeit Arbeit »solcher Art« leisten konnte.

Kaum mehr lebendig setzte ich mich auf eine Bank und streckte meinen vom Bücken schmerzenden Rücken, nach dreistündiger Arbeit hatte meine Aufgabe ein Ende gefunden. – Das war der

Anfang des »Kartoffelnsetzens«. Das Mittagessen wurde in Eile verschlungen, dann zogen alle Mitglieder der Bauernfamilie aufs Feld. Dort angelangt, wurden die Harassen gleichmäßig am Rande des Feldes verteilt. Arbeitsfreudig schleppte ich ein Kistchen in die erste Furche. Fleißig legte ich die rundlichen Erdäpfel hinein, immer einen Fuß voneinander entfernt. Bald war die Harasse leer; zufrieden blickte ich zum Dienstmädchen zurück, das, viel weiter hinten als ich, mit einem jungen, hübschen Knecht gemeinsam ein Kistchen voll einlegte. Eilig lief ich zu dem Vorratshaufen, um meine leere Harasse gegen eine volle umzutauschen. Von der nahen Dorfkirche schlug es zwei Uhr. Unverdrossen bückte ich mich, um die kostbare Saat dem Erdreich zu übergeben, damit im nächsten Herbst doppelte und dreifache Ernte gehalten werden könne. Unermüdlich arbeitend bewegten sich die gebückten Gestalten der Landleute auf dem weiten Felde vorwärts.

Viertelstunde nach Viertelstunde verrann in emsiger Arbeit. Schon begann ich die Schläge der Uhr zu zählen, ob es noch nicht bald Zeit zum Imbiss sei. Der Rücken schien nicht mehr so geschmeidig und biegsam zu sein wie am Anfang. Kreuzschmerzen stellten sich ein, item, ich hielt es an der Zeit, etwas auszuruhen. In solche Gedanken vertieft, bemerkte ich nicht, wie der kleine Werni mir, in derselben Furche wirkend, schnell näher kam. Durch einen ziemlich derben Stoß von Wernis Kopf wurde ich schließlich aus meinem Sinnen aufgeschreckt. Der kleine Spitzbube hatte mich schon lange bemerkt, sich fürchterlich geeilt, um so bald als möglich mit mir zusammenzustoßen. Absichtlich hatte er mir nun einen kraftvollen »Möpf« verabreicht. Halb lachend, halb ärgerlich teilte ich ihm eine so wirksame Ohrfeige aus, dass er rückwärts taumelte, über die Harasse strauchelte und mit seinem Gewicht auf eine zertretene, saftende »Wäre« zu sitzen kam. Belustigt begann ich ihn mit Kartoffeln zu bombardieren, was seine Wirkung nicht verfehlte. Es wäre die schönste Schlacht im

Gange gewesen, hätte mich nicht der Gedanke zur Besinnung gebracht, dass so wertvolle Früchte nicht herumgeworfen werden dürfen.

Da hieß mich die Stimme von Herrn Stämpfli aufhorchen! »Z'Vieri näh'«, schrie er mit seiner mächtigen Stimme über den Acker. Da vergaß ich meinen schmerzenden Kopf, und wohlgemut machten wir zwei Bengel, dass wir auf den Wagen kamen, wo ein herrliches Zvieri von Käse, Brot und Most unseren Fleiß belohnte.

(Bemerkung des Lehrers: Entspricht nicht der Aufgabe! Nichts von hungern, nichts von helfen, warum und wie.)

21. Juni 1944

Mein zukünftiger Beruf

Dieser Gedanke hat mich schon sehr oft beschäftigt; wenn ich früh zu Bett gehen muss, steigt manchmal die Frage in mir auf: Was soll denn aus mir werden, wenn ich dieses letzte Schuljahr hinter mir habe? Wenn ich klug genug wäre, woran ich allerdings zweifle, möchte ich gerne die Handelsschule besuchen, da ich besonders die Fremdsprachen fließend lernen möchte. Die für mich gänzlich neuen Fächer, Stenographie und Maschinenschreiben, werden mir später viel nützen, auch wenn ich nicht einen Beruf ergreife, der sich darauf beschränkt. Ich habe nicht die Absicht, nach der dreijährigen Lehrzeit in einem Bureau zu sitzen und die Bücherluft der Schreibstuben, vom Morgen bis zum Abend tippend, einzuatmen. Mein größter Wunsch war schon von klein auf, Schauspielerin zu werden. Viele Leute verpönen diesen Beruf von vornherein und

109

erklären, die meisten Schauspieler seien leichtfertig und lebten in Saus und Braus. Diese Spötter haben sicherlich noch nie ein wirklich ergreifendes Stück gesehen, in das sich der Schauspieler wie der Zuhörer hineinlebt und alles um sich her vergisst. Sicher gibt es auch junge Menschen, die ans Theater wollen, weil es gewissermaßen ein Modeberuf ist. Aber ein Mensch, der sich dazu berufen fühlt, die Zuhörer durch seine Darstellungskraft zu fesseln und von den täglichen Sorgen abzulenken, muss zweifellos einen festen Charakter und eine tiefe Moral besitzen. Doch noch fast wichtiger ist die Freude und die Begeisterung am Spielen, die ein Schauspieler unbedingt haben muss. Ich will mich damit nicht etwa aufs hohe Ross setzen und behaupten, ich habe einen festen, fehlerlosen Charakter; aber ich will mich bemühen, etwas ernster zu werden; für die tiefe Moral bin ich ja noch nicht reif genug. Jedenfalls fehlt mir die Begeisterung für den gewählten Beruf nicht. Tapfer werde ich auch die Hemmungen und das Lampenfieber, das bei dem Anfänger nie ausbleibt, bezwingen. Ich habe mit meinen Eltern schon über meinen zukünftigen Beruf gesprochen; sie werden mir keine Schwierigkeiten entgegenstellen, denn Mamas Wunschtraum war als junges Mädchen ebenfalls, ans Theater zu gehen.

Jedesmal, wenn ich vom Theater heimkehre, bin ich so angefeuert, dass ich sämtliche Rollen, die mir besonders Eindruck gemacht hatten, mit mächtiger Stimme und den entsprechenden Körperverrenkungen in die Stube brülle. Als mich mein Bruder einmal auf frischer Tat ertappte und fragte, was denn das für ein Lärm sei in meinem Zimmer, erwiderte ich ihm mit Augenrollen: »Fort von hier, Mönchlein, oder beiß ins Gras.« Kopfschüttelnd gehorchte der beschimpfte Bruder und ließ die giftige Schwester allein.

(Bemerkung der Lehrerin: Für die Handelsschule bist du gescheit genug, auch fürs Theater!)

* * *

110

Tee

Als Kinder rümpften wir die Nase, wenn unser Papa in den Ferien um sechs Uhr morgens »Tee sammeln« ging. Heute tun wir es selbst, mein Bruder, meine Schwester und ich und neuerdings auch unsere Kinder.

Mit Scheren und Tüten bewaffnet kriechen wir in Steinbrüchen, Äckern und Feldwegen herum, wo's schön heiß und trocken ist, und schneiden die köstlich duftenden Blüten unserer Lieblingstees ab. Pfefferminze und Kamille interessieren uns weniger, die kriegt man ja in jedem Restaurant; wir stürzen uns auf exquisitere Kräuter: allen voran Dost und Quendel, besser bekannt als wilder Majoran und Feldthymian. Sein Geschmack ist jasminartig lieblich, ein köstliches Getränk, das aufgeregte Mägen und Herzen beruhigt. Besonders beliebt ist die selten gewordene Wollblume oder Königskerze gegen Husten, die süß-bittere Schafgarbe für die Verdauung oder Wacholder mit Lindenblüten gemischt; dann Johanniskraut, Honigklee, Ringelblumen, Melisse, Hirtentäschel, Knöterich, um nur einige wenige zu nennen. Das Teesammeln kann eine richtige Leidenschaft werden. Fast jedes Unkraut ist ein Heilkraut und schmeckt getrocknet oder frisch aufgegossen raffinierter als Schwarztee, kostet nichts, wächst überall, heilt fast alles. Und ganz nebenbei verblüfft man seine Freunde auch noch mit universitätsreifen Botanikkenntnissen.

Motorpanne

Bei Lausanne hatten wir die erste Motorpanne. Aber Helmut, vom Elektriker unterdessen zum Maschinenschlosser avanciert, kriegte das Boot wieder flott und wir erreichten nach zirka fünfzig Kilometern die malerisch subtropische Rhonemündung, wo wir ankerten. Als wir ausgiebig geplantscht und gepicknickt hatten, wollten wir uns auf den Heimweg machen – aber leider sprang der Motor nicht mehr an. Triumphierend ließ Helmut den Hilfsmotor an und verkündete: »Dann dauert es eben bis Perroy sechs Stunden statt zwei.«

Hundert Meter weiter verendete auch der Hilfsofen. Und siehe da: Gerade vor uns lag die Wasserpolizei! Sie kam sofort, gab unserem Hauptmotor Starthilfe und wir brausten davon.

Siegesgewiss überquerten wir den zirka acht Kilometer breiten See. Als wir in der Mitte waren, begann der Motor zu husten – und blieb stehen. Was nun? Rote Fahne, SOS tuten, näher kommendes Gewitter, zwei Kinder an Bord ...

Am Ufer kreuzten zwei Segelboote herum und weit weg, kaum mehr wahrnehmbar, ein Motorboot. Aber es kam näher, und wer war es? Das Polizeiboot! Die Polizisten grinsten und schleppten uns in den nächsten Hafen ab.

Und die Moral von der Geschicht'? Auf unseren idyllischen Seen ist schon manchem das Lachen vergangen! Defekte Bootsausrüstungen können gefährlich werden, denn nicht immer sind die Retter in der Nähe!

Schreibmaschine

Es soll mir niemand kommen und behaupten, es gebe nicht kleine, boshafte Kobolde, die einem heimlich Brillen, Taschen, und Schlüssel verstecken, ein Bein stellen, am Ärmel festhalten und Niespulver ins Gesicht streuen. Aber das wäre ja alles noch ganz harmlos, die verlorenen Gegenstände liegen doch plötzlich vor einem auf dem Tisch, und beim Stolpern bricht man sich selten ein Bein.

Nein, schlimm ist es, wenn die unsichtbaren Quälgeister sich über die unzähligen Apparate eines vollautomatischen Haushalts hermachen! Der Rasenmäher zum Beispiel geht nur jedes dritte Mal und war in einem Sommer sechsmal in Reparatur, der Staubsauger mit der einziehbaren Schnur viermal. Die neue Geschirrspülmaschine verursachte schon nach der ersten Woche eine Überschwemmung in der Küche, der verzweifelte Mechaniker stellte einen Fremdkörper im Ablauf fest, so groß wie ein Zahnstocher. Nach einer weiteren Woche wusch sie zwölf Stunden ununterbrochen, Grund: ein verdrehter Schlauch.

Zum Glück ist mein Mann unterdessen perfekter Elektriker, denn es vergeht kein Tag, an dem nicht der Fernsehapparat, der Plattenspieler oder ein Radio streikt, die Auto- oder Schiffsbatterie leer ist, ein Luftbefeuchter glühendheiße Wasserfontänen spuckt oder das elektrische Gartentor klemmt. Schweigen will ich von den fürchterlichen Schlägen, die der Bratofen austeilt, oder Kurzschlüssen, die den ganzen Haushalt lahmlegen, inklusive Heizung bei sibirischer Kälte.

Gerade wollte icö unsere neöe, elektrische Schreibmaschine a usprobiaren, aaba diase vaaateuflte Tastenmkühle di von selber über die Seite rennt und wahllos Luchstab n aneinanderreihaat, bra öge ick zuaück.

Reiter

Im »Spiegel« erschien Ende Oktober 1976 ein Artikel mit dem Titel »Weg ist Weg«.

Erster Satz: »Zwischen Reitern und Wanderern herrsch Kleinkrieg um Vorrechte im Gelände. Dabei sind die Pferdesportler nicht nur physisch die Stärkeren ...« Unter Kopfschütteln liest man weiter unten »vom dicken Auftragen von Stolz und Steiß« und von niedergerittenen Radlern und Rentnersleuten.

Die Landesforstgesetze wollen in Zukunft das Reiten auf Fuß- und Wanderwegen sowie quer durchs Gehölz verbieten. Das nackte Grausen kommt den Pferdefreund an, wenn er bedenkt, wie der böse, alte Amtsschimmel da seinen freiheitsliebenden Artgenossen aus Feldern und Wäldern wegbeißt! Den Spaziergängern den Ärger über Sportsleute hoch zu Ross anzuhängen ist ja geschickt, aber unwahr! Ich bin auf meinen zahlreichen Ausritten noch nicht ein einziges Mal unfreundlich angeredet worden, auch wenn das Pferd die Bremse mal etwas später reinhaute als geplant. Soll das Pferd nur deswegen überhaupt nicht mehr im Freien angetroffen werden? Aber Gold-, Silber- und Bronzemedaillen, die darf es gewinnen.

Pferd

Möchten Sie ein Pferd sein?

Ich nicht.

»Der edelste und treueste Gefährte des Menschen« hat nicht mehr viel zu lachen. Er wird immer mehr zur Ware und zum Werkzeug selbstmörderischer Sportakrobatik degradiert.

Wenn bei Auto- oder Skirennen die Fahrer im Kampf um Hundertstel Sekunden ihre Haut zu Markte tragen, so ist das ihr eigener Entschluss und ihr eigenes Risiko. Aber das Pferd wird nicht gefragt. Der Reiter verlangt Höchstleistungen, das Pferd hat sie zu bringen. Keiner kümmert sich darum, ob es gut geschlafen hat, ob es Schmerzen oder sogar Angst hat. Der Sieger von gestern muss auch heute siegen. Es muss stechen, einmal, zweimal, immer höher, schneller, bis es nicht mehr weiter kann und stehen bleibt. »Es hat versagt«, heißt es verächtlich im Sportteil. »Eine Enttäuschung«, sagt der Trainer, wenn ein Rennpferd sein erstes Rennen nicht gewinnt.

Ich habe auch ein Rennpferd, einen braunen Hengst. Er heißt

Mariello. Vier Jahre rannte er auf allen deutschen Rennbahnen um sein Leben. Er gewann neun Rennen, davon vier über Hürden und war ebenso oft plaziert. Natürlich blieb von den Gewinnen nicht viel übrig, denn der Unterhalt ist teuer. Egal, er war gesund, herrlich anzusehen und sorgte für die höchsten Augenblicke im Leben eines Pferdenarren, wenn er in der Zielgeraden an allen andern vorbei ins Ziel galoppierte.

Eines Tages trat er bei einem Rennen in ein Loch und rannte auf drei Beinen noch als zweiter ins Ziel.

Aus! »Verkaufen! Schlachten! Verschenken!« raten die, welche sich einst mit ihm, dem Sieger, fotografieren ließen. Ein Käufer wollte mit dem verletzten Pferd gleich eine Jagd reiten, eine Käuferin verabschiedete sich überstürzt, als Mariello einige Luftsprünge machte.

Ich holte ihn schließlich in die Schweiz, um ihn hier auskurieren zu lassen. Aber auch hier hörte ich immer wieder: »Was willst du mit dem? Damit kann man doch keine Turniere mehr reiten!«

Hält man sich denn ein Pferd, einen Hund oder eine Katze nur aus Angeberei? Ein Tier ist kein Auto, das man abmeldet und in eine Ecke stellen kann.

Vielleicht stammt der Mensch doch vom Pferd ab. In dem berühmten Buch *Die Psychologie des Pferdes* von Horst Stern werden erstaunliche Parallelen gezogen zwischen Pferd und Mensch; es ist kein Zufall, dass gerade das schnelle, starke und sensible Pferd seit Jahrtausenden der unentbehrlichste Freund des Menschen ist. Als Fortbewegungsmittel, Gesellschafter oder Medaillengewinner.

Warum gerade das Pferd? Es ist dem Menschen einfach am ähnlichsten! Nicht nur äußerlich. (Manche passionierte Reiter bekommen nach und nach unverkennbare Pferdegesichter.) Nein, charakterlich und physiologisch gesehen: es gibt kein anderes Säugetier außer Mensch und Pferd, das schwitzt! Es schwitzt vor Anstrengung, Angst oder Aufregung. Wie der Mensch. Apropos

Aufregung. Es hat auch Lampenfieber. Deshalb schreibe ich ja darüber. Es hat Lampenfieber wie ein Schauspieler oder ein Sportler. Es kann dagegen nicht ankämpfen. Es fängt vor Aufregung an zu zittern und zu schwitzen, will nicht an den Start, vergisst die guten Manieren, beißt und schlägt gelegentlich den besten Freund, überwindet sich schließlich, um zu siegen oder zu verlieren.

Es soll Pferde geben, die sich nicht aufregen. Es sind meistens nicht die besten. Je größer das Lampenfieber, desto hitziger wallt das Blut, desto größer sind die Erfolgschancen und desto genussvoller ist die anschließende Ruhe nach dem Sturm.

Hosen

Diesmal schreibe ich einen Artikel über Hosen, dachte ich. Über Ski-, Reit-, Bade-, Turnhosen, Überhosen, Unterhosen, Gummi- oder Pumphosen. Das wird sicher sehr komisch.

Dann schlief ich ein, es war schon ziemlich spätabends. Kurz danach weckte mich ein Sturmgeheul, wie ich es noch nie zuvor gehört hatte. Es blitzte und donnerte gleichzeitig, Hagel trommelte gegen die Läden, Fenster krachten, Türen sprangen von selber auf und alles übertönend ein fürchterliches Sausen, wie von haushohen Wellen.

Wasserhose! fuhr es mir durch den Kopf.

Ich stand auf, um alle Fenster und Türen zu schließen. »Das wird schon vorbeigehn«, sagte ich zu mir selbst und legte mich wieder ins Bett.

Da klapperte wieder eine Tür. Ich stand also nochmals auf und hörte schon auf der Treppe ein Rauschen, wie man es in der Nähe von reißenden Flüssen hört.

Mir schwante Entsetzliches und ich sah es auch gleich bestätigt: Im Keller stand das Wasser bereits dreißig Zentimeter tief. Es quoll unter der geschlossenen Kellertür hervor. Im Badezimmer rauschte ein Wasserfall zum Fenster herein, und im Kinderspielzimmer saßen die Puppen im Wasser. Als ich wieder nach oben ging, sah ich die Katze auf dem obersten Treppenabsatz hocken. Interessiert betrachtete sie die Überschwemmung, während der Hund sich zitternd verkrochen hatte.

Als ich die Haustür öffnete, stürzte mir ein braun brodelnder Strom entgegen, der die ganze Einfahrt einnahm. Er führte abgebrochene Äste, Steine, Wurzeln und den halben Weinberg jenseits der Straße mit sich, und all das ergoss sich in unseren Keller.

Nun rief ich aber unsern Freund, den Feuerwehrhauptmann Daniel, an. Er entkam sofort und half mir, die immer noch steigende Brühe abzuleiten. Als er wieder weg war, gab es im ganzen Haus einen Kurzschluss, und ich musste mein Bett mit der Taschenlampe suchen.

Nie wieder mache ich mich über Hosen lustig!

Die Hundertstel

Das Jahr hat zwölf Monate, der Tag hat vierundzwanzig Stunden, die Stunde hat sechzig Minuten, die Minute sechzig Sekunden. Kleinere Zeiteinheiten brauchte man früher nicht. Hatte man keine Uhr zur Hand, sagte man ganz einfach »EINUNDZWANZIG« und wusste, dass eine Sekunde verstrichen war.

Als größere Geschwindigkeiten aufkamen, war man gezwungen, die Sekunde zu unterteilen. Um Namen verlegen (Minute, Sekunde) wandte man einfach das Dezimalsystem an und sagte »Zehntelsekunde«. Man konstruierte Uhren, deren Zeiger die Zehntelsekunde anzeigte. Und siehe: Beim Zürcher Hundertmeter-Weltrekordlauf Armin Harys machte die Zehntelsekunde zum nächsten schon einen Meter aus.

Beim Skilaufen wurde es noch schneller. Da kam die Elektronik uns zu Hilfe. Wieder um Namen verlegen, sagten wir einfach »Hundertstelsekunde«. Bei der Abfahrt, bei der man mit hundert Stundenkilometern rechnen kann, ist der um eine Hundertstel langsamere immerhin achtzig Zentimeter, also fast einen Meter, zurück. Die Hundertstel Heini Hemmis im Riesenslalom war doch ein halber Meter, die zwei Hundertstel der Morerod ein Meter.

Liebe Lis-Marie, lieber Heini, trösten Sie sich mit den Pferden. Bei ihnen entscheidet die Zielfotografie. Die Nase vorn kann über hunderttausend Franken entscheiden.

Ist das normal?

Was ist normal? Wahrscheinlich all das, was eine Norm nicht überschreitet. Ja, aber was ist eine Norm? Größenanweisung in der Technik, Richtschnur für das »Seinsollende« in der Rechtsprechung. So steht es im Duden. Aber ist dieses Seinsollende heute noch ebenso gültig, wie vor hundert Jahren?

Ist es normal, dass man im Januar frische Erdbeeren isst, bei zwei Grad Wassertemperatur stundenlang unter Wasser schwimmt. Gehirntote an Maschinen anschließt und behauptet, sie lebten noch? Ist es normal, wenn der Mensch in sechs Stunden fünftausend Kilometer zurücklegen kann und das mehrmals pro Woche? Wenn er Lunge und Magen mit Chemikalien vergiftet oder in fünfzigstöckigen Häusern ein Insektendasein führt?

Wenn all das normal ist, dann ist es auch normal, wenn ein solcher Mensch plötzlich durchdreht, seinen Geliebten erschießt oder auch eine ganze Familie und am Schluss sich selbst! Das alles liest man täglich in der Zeitung, sieht man täglich auf dem Bildschirm. Die Pistole ist ein ganz normales Spielrequisit geworden, und die unzähligen Krimileichen, die auf ihr Konto gehen, erschrecken heute nicht einmal mehr Frauen und Kinder. Und wenn man einsam wohnt, hat die Familie selbstverständlich eine Pistole zu Hause, und hie und da droht man sich ein bisschen damit. Das ist ganz normal!

Wann erkennen wir die Grenzen unserer Maßlosigkeit?

Wenn es gekracht hat, ist es zu spät!

»Mr. Verdoux«

Bis vor vierzehn Tagen war ich für die Todesstrafe. Tote Terroristen können nicht mehr befreit, tote Triebverbrecher nicht mehr rückfällig werden. So argumentierte ich, wenn ich wieder mal von Geiseln und Massenmördern in der Zeitung las.

Dann sah ich den Film *Mr. Verdoux* von und mit Charlie Chaplin. Er spielt darin einen Frauenmörder, und ich werde die Szene nie vergessen, in der er am Schluss in seiner Zelle auf seine Hinrichtung wartet und dann abgeführt wird. Da ging mir schlagartig ein Licht auf, warum die Todesstrafe und das, was ihr vorausgeht, menschenunwürdig ist und immer sein wird. Nicht, weil es Justizirrtümer gegeben hat oder weil in der Vergangenheit Missbrauch damit getrieben wurde. Beides kann weitgehend vermieden werden. Nein, weil eine Hinrichtung gegen jedes Naturgesetz verstösst.

Niemand weiß genau, wann er sterben wird, außer dem zum Tode Verurteilten. Er kann jeden Tag in seiner Zelle die Tage durchstreichen und nachrechnen, wie lange er noch zu leben hat: noch hundert Tage, noch dreißig Tage, noch vierundzwanzig Stunden, noch eine Stunde, noch eine Minute. Weder die bedauernswerten Opfer von Verbrechern, noch Todkranke glauben in Wirklichkeit an den unmittelbar bevorstehenden Tod. Sie wissen nicht, wann sie gehen müssen. Aber der Todeskandidat, der zum Schafott geführt wird, weiß es! Und deshalb ist die Todesstrafe die grausamste aller menschlichen Erfindungen, und eine Hinrichtung ist schlimmer als Mord!

19 Mein erster deutscher Film war »Föhn«, 1950, an der Seite von Hans Albers und Adrian Hoven.

◄◄ Vorhergehende Seite
18 Ein Schloss wie im »Wirtshaus im Spessart«, 1957 gedreht, hätte mir als Wohnsitz auch gefallen.

20 Zwei auf dem Weg nach oben: In meinem zweiten deutschen Film, »Heidelberger Romanze«, 1951, war ich Partnerin von O.W. Fischer.

124

22 Ist das nicht Claudette Colbert?
mag der Betrachter dieses Fotos aus
»Klettermaxe«, 1952, mit Albert
Lieven denken. Die Colbert war
damals eine sehr bekannte amerikanische Filmschauspielerin – und
»Klettermaxe« meine erste Zusam-
menarbeit mit dem Regisseur Kurt
Hoffmann.

◀◀ Vorhergehende Seite
21 Am 28. Mai 1952 hatte ich an
den Münchner Kammerspielen Premiere als Gwendolyn in Leo Mitt-
lers Inszenierung von Oscar Wildes
»Bunbury«. Wegen Filmverpflich-
tungen konnte ich die Rolle leider
nur zehnmal spielen, dann musste
ich umbesetzt werden.

23 Hoffentlich hält die Hose!
Diesmal eine Fechtszene mit
Albert Lieven aus »Fritz und
Friederike«, ebenfalls 1952

24 *Auf Spitze, mit wehen-*
den Plüschohren und einer
schwarzen Wollhose über der
zu knapp sitzenden Korsage
sang ich in »Von Liebe reden
wir später«, 1953: »Rate
mal, rate mal, rat' mal, wer
ich bin …« Mit dem Erfolg,
dass mich ein Filmkritiker
als die »anti-erotischste
Tänzerin Deutschlands«
bezeichnete.

25 *Fernsehbegegnung mit*
Hildegard Knef und Hans
Söhnker, Silvester 1953

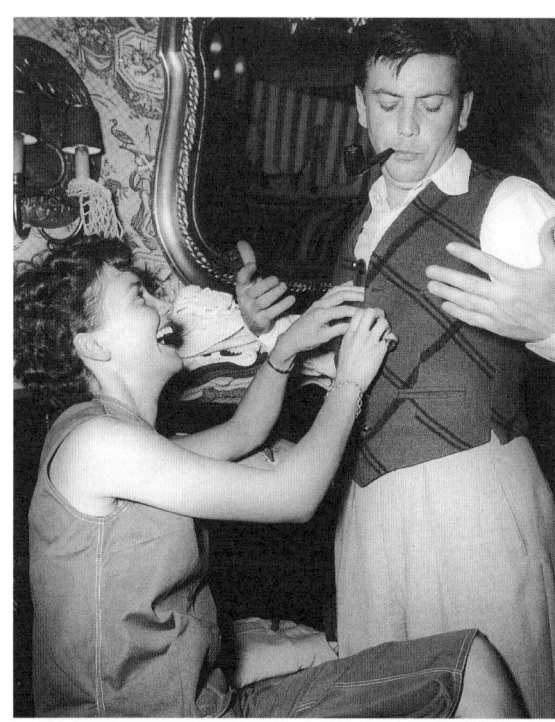

26 »Das Nachtgespenst«,
1953, mit Partner Hans
Reiser war eines der für die
frühen fünfziger Jahre typi-
schen Filmlustspiele.

Gegenüberliegende Seite ▶
28 Zwei Schweizer in einer
deutschen Filmkomödie
nach einem Roman des
Franzosen André
Maurois: Mit Paul
Hubschmid in »Schule
für Eheglück«, 1954

27 In Harald Brauns
Film »Der letzte Sommer«,
1954, war wieder Hardy
Krüger mein
Partner.

29 Mit Jean-Simmons-Blick:
Starfoto während der Dreh-
arbeiten zu »Der letzte
Sommer«

Auch gegenüberliegende Seite ▶
30/31 Meine zweite Rolle bei
Kurt Hoffmann brachte mir den
so genannten Durchbruch:
In »Ich denke oft an Piroschka«,
1955, nach dem Roman von
Hugo Hartung mit Gunnar
Möller

◄ Gegenüberliegen-
de Seite
32 In »Hanussen«,
1955, war ich wieder
Partnerin von O.W.
Fischer.

33 Mondän, in
einem »unanständi-
gen« Kleid mit zwei
Löchern über dem
Magen: In: »Heute
heiratet mein Mann«,
1956, nach dem
Roman von Annema-
rie Selinko

36 Schnappschuss von unseren Dreharbeiten zu »Die Zürcher Verlobung« in der
Schweiz mit (v.l.n.r.) Roland Kaiser, Regisseur Helmut Käutner sowie »meinen Män-
nern« Bernhard Wicki und Paul Hubschmid

◄ Gegenüberliegende Seite
34/35 Oben: »Kann man das denn anziehen?« fragt mich als Modezeichnerin Thesi
Direktor Anders (Ernst Waldow) in »Heute heiratet mein Mann«, 1956. – Unten:
Auf das falsche Pferd gesetzt? Mit Robert Lamoureux, Paul Muller und O.E. Hasse in
der französisch-italienischen Coproduktion »Les Aventures d'Arsène Lupin – Arsène
Lupin, der Millionendieb«, 1956

135

37 Von Gyula Trebitsch persönlich für diese Rolle eingefangen: Als Juliane Thomas in
Helmut Kräutners Filmkomödie »Die Zürcher Verlobung, 1957, nach dem Roman
von Barbara Noack. Szenen mit Paul Hubschmid ...

38 ... sowie Bernhard Wicki und Werner Finck

137

◄◄ *Vorhergehende Seite*
39/40 Zwei Titelrollen am Theater mit berühmten Partnern: Mit Will Quadflieg in
»Emilia Galotti« von G. E. Lessing, Salzburger Festspiele 1957 (oben): »Auch mei-
ne Sinne sind Sinne.« – Mit Martin Benrath in »Undine« von Jean Giraudoux, Freie
Volksbühne im Theater am Kurfürstendamm, Berlin 1959: Ein Nixenritt über den
Bodensee! (unten)

41–43 Drei »Spessart«-Filme in der Regie von Kurt Hoffmann und eine deutlich sichtbare Entwicklung vom Mädchen über die Frau zur Mutter: »Das Wirtshaus im Spessart«, 1958, »Das Spukschloss im Spessart«, 1960, und »Herrliche Zeiten im Spessart«, 1967

44/45 *Zwei blendend aussehende Männer, Topstars des deutschen Films der fünfziger Jahre, waren meine Partner in zwei aufeinander folgenden Kurt-Hoffmann-Filmen: In »Bekenntnisse des Hochstaplers Felix Krull«, 1957, nach dem Roman von*

Thomas Mann machte ich Horst Buchholz in der Titelrolle schöne Augen (◄ gegenüberliegende Seite) und im »Wirtshaus im Spessart«, 1958, angelte ich mir Carlos
Thompson.

46 *Niemand glaubte mir die Pauline, meine erste »Böse«, in der Dostojewski-Verfil-*
mung »Le Joueur – Das Spiel war sein Fluch«, 1958, an der Seite von Gérard Philipe.

47/48 *Unten: Ankunft in Los Angeles 1957 zum Vertragsabschluss für »A Time to*
Love and a Time to Die – Zeit zu leben und Zeit zu sterben« in Hollywood. Der ameri-
kanische Agent Paul Kohner empfängt mich mit meiner deutschen Agentin Ilse Ale-
xander. Drei Tage zuvor hatte ich in München noch schnell das bronzene Reitabzeichen
gemacht, das silberne auf dem Bild ist nur geborgt.
                    Gegenüberliegende Seite: Arbeitsfoto von »Zeit zu leben und
              Zeit zu sterben« mit meinem Partner John Gavin (links) und dessen
                        deutschen Synchronsprecher Gerd Vespermann ▶

143

49 *PR-Starfoto,*
Hollywood 1958

146

51 *Hoppla, jetzt komm' ich: Mit O.W. Fischer in* »Helden« *nach George Bernard Shaw, 1958*

◀ *Gegenüberliegende Seite*
50 *»Schöne Queen, arme Queen, du hast alles, nur nicht ihn…«, sang ich in der musikalischen Verfilmung des Lustspiels »Das Glas Wasser« von Eugène Scribe, 1960*

148

53 Bei den Dreharbeiten zum »Pagen« lernte ich meinen späteren Mann, Helmut
Schmid, kennen – hier in dem Film »Denn das Weib ist schwach«, 1961.

◄ Gegenüberliegende Seite
52 Ich sehe »El Cid« entschwinden. Aus Termingründen musste ich den Hollywood-
film absagen und meinen Vertrag für den deutschen Film »Gustav Adolfs Page«, 1960,
erfüllen.

Auch gegenüberliegende Seite ▶
54/55 Die beiden glücklichsten
Tage meines Lebens: Unsere stan-
desamtliche Trauung am 8. September 1961 in Zürich und tags
darauf die kirchliche Zeremonie in
der kleinen, von Weinbergen
umgebenen Kirche von Luins

56 In Vevey, der Nescaféstadt,
legte die »Savoie« an, und Helmut trug mich von unserem
Hochzeitsschiff an Land, worauf
wir mit unseren Gästen auf den
Mont Pellerin zum Kaffeetrinken
fuhren.

150

57 Mit Trainer Hans Prinzinger 1960 auf der Rennbahn. Ich auf Punta Arenas, er auf Sobrino

Auch gegenüberliegen-de Seite ▶
58/59 Intendant Hans Schweikart holte mich für die Hosenrolle der Rosalinde in seiner Inszenierung von William Shakespeares »Wie es euch gefällt« wieder an seine Münchner Kammerspiele. Premiere war am 16. Dezember 1961 – und ich in anderen Umständen. Unten: Szenenfoto mit Peter Lieck als Orlando.

152

153

60/61 Das war die höchste Stufe, die ich erreichen konnte: Helmut Käutner (l.o.) war mein Regisseur bei den Filmen »Die Zürcher Verlobung«, 1957, und »Das Glas Wasser«, 1960, bei Billy Wilder (r.o.) spielte ich in »One, Two, Three – Eins, zwei, drei«, 1961 (hier unsere Wiederbegegnung in Berlin 1987) …

62 … und bei Kurt Hoffmann hatte ich die Hauptrolle in insgesamt zehn Filmen (hier bei Außenaufnahmen auf Schloss Oelber zu »Das Spukschloss im Spessart«, 1960).

63 In »Eins, zwei, drei«, 1961, mit Leon Askin und James Cagney. Dabei kann ich
gar nicht tanzen!

64 Remake von »Kohlhiesels Töchter« 1962, gemeinsamer Film des frischgebackenen Ehepaars Pulver-Schmid: Zähmung der widerspenstigen Susi ...

Gegenüberliegende Seite ▶
66/67 Oben: In der spanisch-deutschen Gemeinschaftsproduktion »Ein fast anständiges Mädchen« mit Martin Held und einem Gläschen zuviel. – Unten: Wo bleibt der Kaffee? Mit O.W. Fischer in »Frühstück im Doppelbett«. Beide Filme entstanden 1963.

65 ... und: »Kannst du schuhplatteln?«

157

68 Mein erster Bambi, 1963:
Feier mit Helmut und den Berli-
ner Produzenten Artur Brauner
(CCC) und Kurt Ulrich (Beroli-
na) sowie dem BUNTE-Chefre-
dakteur Karl Heinz Schönherr.
Bei Ulrich (stehend) hatten Hel-
mut und ich soeben »Kohlhiesels
Töchter« abgedreht, bei Brauner
O.W. Fischer und ich »Früh-
stück im Doppelbett«, beide
Filme in der Regie Axel von
Ambessers.

Gegenüberliegende Seite ▶
70 Bambifeier 1963
mit Rock Hudson

69 Jetzt habe ich ihn:
Mit Bambi, 1963, in Karlsruhe

158

73 In der Curt-Goetz-Verfilmung »Dr. med. Hiob Prätorius«, 1965, durch Kurt
Hoffmann war ich zum ersten Mal Partnerin von Heinz Rühmann.

◀ Gegenüberliegende Seite
71/72 Oben: »Staatsaffairen« war der deutsche Titel des amerikanischen Films »A
Global Affair«, 1964, mit Bop Hope, Elga Andersen und Michèle Mercier. Unten:
In »Monsieur«, ebenfalls 1964, waren Jean Gabin und Philippe Noiret meine Partner.

74 *Das Rabenaas sieht man mir nicht an: Mit Jean Marais in »Le Gentleman de Cocody – Pulverfass und Diamanten«, 1965*

Auch gegenüberliegende Seite ▶
75/76 *Immer noch kein Bild verkauft? Nach dem »Prätorius« von Curt Goetz verfilmte Kurt Hoffmann auch dessen »Hokuspokus«, 1966, einen Farbfilm in schwarzweißer Ausstattung. Mein Partner war wieder Heinz Rühmann.*

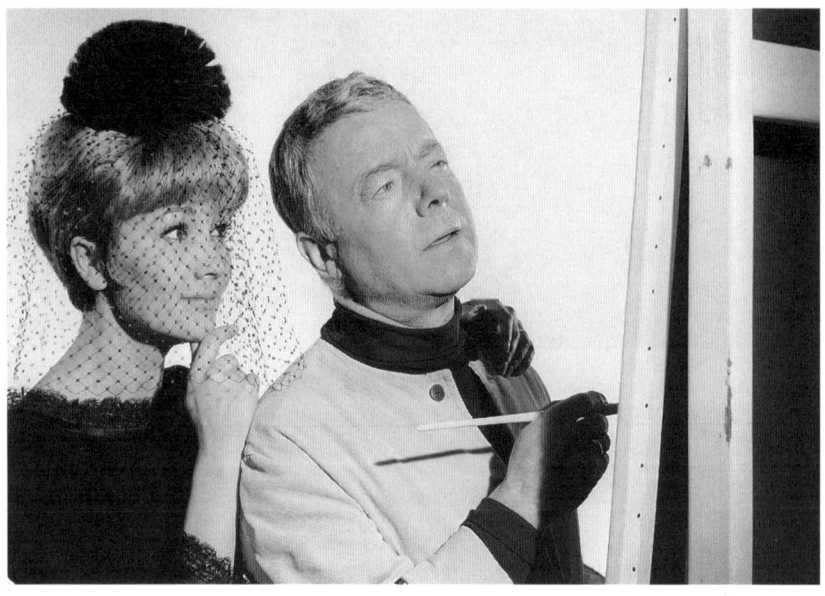

77 Heute wieder fleischlos, denke ich hier wohl in der französischen Produktion »Suzanne Simonin, la Religieuse de Diderot – Die Nonne«, 1965.

78 Dreharbeiten zu »Herrliche Zeiten im Spessart«, 1967, mit Kurt Hoffmann und Hannelore Elsner

164

79 Der Kleiderschrank und die Bohnenstange: Mit Curd Jürgens in »Le Jardinier
d'Argenteuil – Gauner, Blüten und die Nacht von Paris«, 1966

81 Der damalige
Bundeskanzler Kon-
rad Adenauer schenk-
te mir bei einem Emp-
fang in Bonn am 20.
Juli 1966 seine Erin-
nerungen und signier-
te das Buch.

◄ Gegenüberliegende
Seite
80 Er war das schöns-
te Pferd Münchens:
Mit Shakespeare im
Ring der Galopprenn-
bahn Riem am 10. Mai
1964 kam ich auf den
vierten Platz.

82 Helmut wundert
sich inzwischen über
nichts mehr.

83 1967/68 spielten Helmut und ich auf Tournee und im Theater am Kurfürstendamm das Stück »Der Regenmacher« von N. Richard Nash ...

Gegenüberliegende Seite ▶
85/86 Oben: Alfred Weidenmann drehte mit Helmut und mir 1969 für das ZDF das Western-Musical »Pistolen-Jenny«. – Unten: Die ganze Familie 1970 auf dem Dach mit unserem Boxer Donald von Erlenhof.

84 ... und feierten um Mitternacht unseren siebten Hochzeitstag auf dem Lietzensee in Berlin.

168

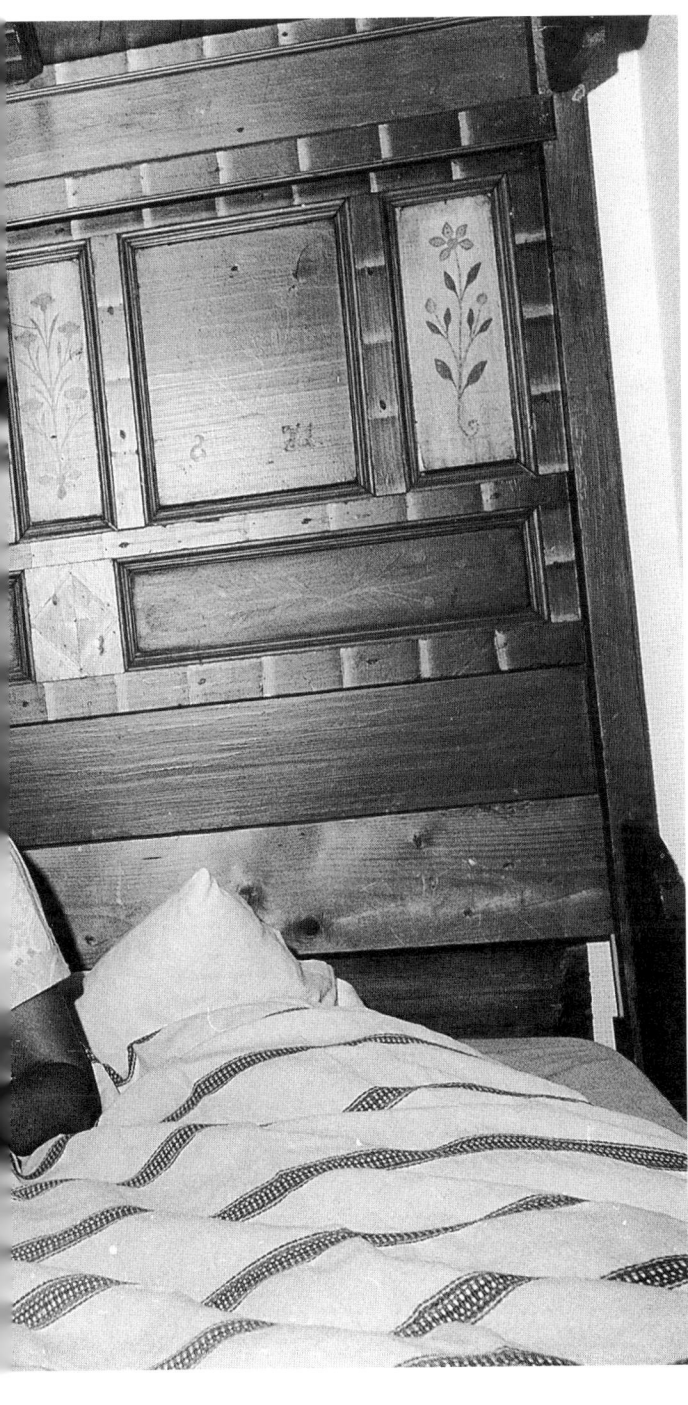

87 Helmut mit dem
Frühstückskuss, 1970

171

◄ Auch gegenüber-
liegende Seite
88/89 Auf den Arm
genommen: 1970
waren wir mit Hel-
muts Inszenierung von
Shakespeares »Der
Widerspenstigen Zäh-
mung« auf Tournee.
Helmut spielte den
Petruchio, ich sowohl
die widerspenstige
Katharina (links) als
auch die sanfte Bianca
(hier mit Hannes
Crombal und Norbert
Hansing).

173

90 Meine erste und letzte Rolle
in einem Opernhaus: In Jacques
Offenbachs »Orpheus in der
Unterwelt« trat ich 1971/72 an
der Hamburgischen Staatsoper als
Öffentliche Meinung auf und
teilte meine Garderobe mit
»Juno« Inge Meysel.

Gegenüberliegende Seite ▶
92/93 Bei den Dreharbeiten zu
»Monika und die Sechzehnjähri-
gen«, 1974, in Ungarn auf den
Spuren der wirklichen Piroschka
(oben) und eine Szene aus diesem
Film mit Klausjürgen Wussow.

91 In dem Film »Le Trèfle à
cinq Feuilles – Das fünfblättrige
Kleeblatt«, 1972, spielte ich mit
Philippe Noiret und anderen
französischen »Urgesteinen«.

96 *Bildnis einer Dame im Sommerschlussverkauf: So sah mich 1977 der römische Fotograf Roberto Ferrantini.*

◀ *Gegenüberliegende Seite*
94/95 *Oben: Die ganze Familie auf dem Genfer See, 1973, gefilmt für eine Reportage. – Unten: »Muss das sein?« Tell und Mélisande posieren für ein gemeinsames Foto, 1974.*

97 Hat unser halbes Pferd Mirabello gewonnen? Helmut auf der Baden-Badener Rennbahn

98 *Mut ist, wenn man's trotzdem macht: Im Circus Knie, Wien 1976*

100 Auch ich musste einen Männer-
trost spielen: Als Consolazione in dem
Musical »Evviva Amico« mit Peter
Fröhlich im Theater an der Wien, Wien
1976/77

◀ Gegenüberliegende Seite
99 In der ARD-Kinderserie »Sesamstraße«, 1978, mit Samson

101 »Die Dame vom Maxim« von
Georges Feydeau spielten Helmut und
ich en suite am Hamburger Ernst-
Deutsch-Theater und anschließend auf
Tournee, 1979/80.

103 Bei Helmuts Tournee mit
Grabbes »Scherz, Satire, Ironie
und tiefere Bedeutung« feierten
wir 1981 unseren 20. Hochzeitstag wieder auf dem Wasser.

◀ Gegenüberliegende Seite
102 In der von Wolfgang Spier
inszenierten ZDF-Komödie
»Jeden Mittwoch«, 1981, mit
Schmetterling

104 Unsere Silberne Hochzeit
begingen wir mit unseren Kindern
1986 auf dem Genfer See.

105 »Wo's not tut, Fährmann, lässt sich alles wagen« (Schiller, »Wilhelm Tell«, 1. Akt):
Auf dem Weg zu Tells Vereidigung als Kadett in Mürvik, 17. September 1981

Gegenüberliegende Seite ▶
106 Auf Händen getragen, 1981

107 *Wer hat die schönsten Haare? Mit Helmut und Mélisande vor dem Chalêt ...*

108 *... und hier mit Barbara und Hans-Dietrich Genscher, beide 1981*

109 Mit Günter Strack in der ZDF-Serie »Mit Leib und Seele«, 1988. »Das alte
Kamel« hieß diese Folge.

110 Mit Gabriele Ferzetti und dem kleinen Alessandro Sacco in dem italienischen
Fernsehspiel »Natale con papà – Das Weihnachtskonzert«, 1995

188

112 Humor ist eine ernste
Sache: Mit meinem Lieblingsre-
gisseur Kurt Hoffmann, der den
Ehrenpreis erhielt, bei der Ver-
leihung des Bayerischen Filmpreises im Münchner Cuvilliés-
theater am 19. Januar 1996.

◄   Gegenüberliegende Seite
111 »A Bussi ham S' mer noch
nie 'geben«, lachte Ministerprä-
sident Edmund Stoiber, als er
mir am 15. Juli 1998 in der
Münchner Residenz den Bayerischen Verdienstorden verlieh.

113 Als jüngste Auszeichnung
erhielt ich, ebenfalls von
Edmund Stoiber, am 14. Januar
2000 in München den Ehrenpreis des Bayerischen Filmpreises

189

Ich bedanke mich ganz besonders bei Michael Barth für die rettende Beratung bei meinem Versuch, die Verbindung von Naturwissenschaft und Religion zu ergründen (Seiten 72 bis 78),

und bei Dr. Bernhard Struckmeyer für seinen sprachlichen Drahtseilakt zwischen plötzlichen und verspäteten Wundern.

L. P.

ANHANG

Rollenverzeichnis Theater

Zusammengestellt von Liselotte Pulver

1949
Stadttheater Bern

Franz Grillparzer
Sappho
Rhodope

Johann Wolfgang von Goethe
Clavigo
Marie

1949/50
Schauspielhaus Zürich

25.6.49
Johann Wolfgang von Goethe
Faust II
Euphorion/Wagenlenker

17.9.49
Lope de Vega
Die Launen der Doña Belisa
Doña Celia

27.10.49
Thornton Wilder
Unsere kleine Stadt
Emily

15.2.50
Bertolt Brecht/Kurt Weill
Die Dreigroschenoper
Lucy

1950/51
7.9.50
William Shakespeare
Der Kaufmann von Venedig
Nerissa

7.10.50
Friedrich Schiller
Kabale und Liebe
Luise

24.3.51
William Shakespeare
Viel Lärm um nichts
Hero

14.6.51
Georges Bernanos
Die begnadete Angst
Constance

1952/53
Münchner Kammerspiele

28.5.52
Oscar Wilde
Bunbury
Gwendolyn

Schauspielhaus Zürich

2.4.53
Heinrich von Kleist
Das Käthchen von Heilbronn
Käthchen

18.4.53
Alfred Gehri
Sechste Etage
Thérèse

6.8.57
Salzburger Festspiele/Landestheater
Gotthold Ephraim Lessing
Emilia Galotti
Emilia

1959
Freie Volksbühne im Theater am Kurfürstendamm, Berlin
Jean Giraudoux
Undine
Undine

16. 12. 61
Münchner Kammerspiele
William Shakespeare
Wie es euch gefällt
Rosalinde

1965
Theater der Stadt Baden-Baden
Georges Feydeau
Die Dame vom Maxim
Crevette

Herbst 1966
Theater am Neumarkt, Zürich
Harold Pinter
Der Liebhaber
Sara
und
James Saunders
Ein unglücklicher Zufall
Sara

1967
Tournee »Der grüne Wagen«
N. Richard Nash
Der Regenmacher
Lizzy

1968
**Theater am Kurfürstendamm, Berlin,
und T(h)eater in der Brienner Straße,
München**
N. Richard Nash
Der Regenmacher
Lizzy

1970
Tournee Euro-Studio
Konzertdirektion Landgraf
William Shakespeare
Der Widerspenstigen Zähmung
Bianca/Katharina

1971/72
Hamburgische Staatsoper
Jacques Offenbach
Orpheus in der Unterwelt
Die öffentliche Meinung

1973
Tournee Landgraf
Georges Feydeau
**Monsieur Chasse oder
Wie man Hasen jagt**
Léontine

Frühjahr 1975
Ruhrfestspiele Recklinghausen
Ludwig Thoma
Moral
Mme. de Hâuteville

1976/77
Theater an der Wien, Wien
Garinei & Giovannini/
Armando Trovaioli
Evviva Amico
Consolazione

1979/80
**Ernst-Deutsch-Theater, Hamburg,
und Tournee Landgraf**
Georges Feydeau
Die Dame vom Maxim
Crevette

1984–1987
Tournee Landgraf
Philip King
Lauf doch nicht immer weg
Penelope
(3 Wiederholungstourneen)

114 *Plakat von Josef Blaumeiser für meine letzte Theatertournee*

Filmografie

(Kinofilme – soweit feststellbar)
Zusammengestellt von Herbert Holba

Die Filme sind nach ihrem Kinostart aufgelistet.
Wenn nicht anders vermerkt, handelt es sich um Produktionen der BRD.
Erklärungen der Abkürzungen: LP = Liselotte Pulver, Ti = Titel, A = Österreich,
CH = Schweiz, E = Spanien, F = Frankreich, I = Italien
Alternativ- und ausländische (Original-)Titel sind in Klammern gesetzt.

1949
Swiss Tour (CH: Ti in BRD: »Ein Seemann ist kein Schneemann«)
Regie: Leopold Lindtberg
LP, Cornel Wilde, Simone Signoret, Josette Day, Heinrich Gretler, Leopold Biberti

1950
Föhn
Regie: Rolf Hansen
LP, Hans Albers, Adrian Hoven, Heinrich Gretler, Antje Weisgerber

1951
Heidelberger Romanze
Regie: Paul Verhoeven
LP, O. W. Fischer, Gardy Granass, Gunnar Möller, Ruth Niehaus, Paul Verhoeven,
Margit Saad

1952
Klettermaxe
Regie: Kurt Hoffmann
LP, Albert Lieven, Charlott Daudert, Madelon Truss, Paul Henckels,
Hubert von Meyerinck, Erna Sellmer, Josef Sieber

Fritz und Friederike
Regie: Geza von Bolvary
LP, Albert Lieven, Margarete Haagen, Loni Heuser, Otto Gebühr,
Erika von Thellmann, Hans Leibelt

1953
Hab' Sonne im Herzen
Regie: Erich Waschneck
LP, Carl Wery, Otto Gebühr, Traute Servi, Katja Penkert

Von Liebe reden wir später
Regie: Karl Anton
LP, Gustav Fröhlich, Maria Holst, Fita Benkhoff, Willy Fritsch, Paul Hörbiger,
Edith Hancke

195

Das Nachtgespenst
Regie: Carl Boese
LP, Hans Reiser, Elena Luber, Harald Paulsen, Paul Verhoeven, Ethel Reschke, Hubert von Meyerinck

Ich und Du
Regie: Alfred Weidenmann
LP, Hardy Krüger, Lucie Mannheim, Doris Kirchner, Peer Schmidt, Arno Paulsen, Ursula Herking

1954
Männer im gefährlichen Alter
Regie: Carl-Heinz Schroth
LP, Hans Söhnker, Annie Rosar, Wilfried Seyferth, Ilse Bally, Günther Jerschke

Schule für Eheglück
Regie: Toni Schelkopf
LP, Paul Hubschmid, Cornell Borchers, Wolf Albach-Retty, Ingrid Lutz, Alexander Golling, Michl Lang

Uli der Knecht (CH)
Regie: Franz Schnyder
LP, Hannes Schmidhauser, Heinrich Gretler, Max Haufler, Gertrud Jauch

Der letzte Sommer
Regie: Harald Braun
LP, Hardy Krüger, Mathias Wieman, Brigitte Horney, René Deltgen, Nadja Tiller, Werner Hinz

1955
Griff nach den Sternen
Regie: Carl-Heinz Schroth
LP, Erik Schuman, Gustav Knuth, Oliver Grimm, Ilse Werner, Nadja Tiller, Michael Ande

Hanussen
Regie: O. W. Fischer
LP, O. W. Fischer, Erni Mangold, Klaus Kinski, Reinhard Kolldehoff, Siegfried Lowitz, Werner Finck, Helmut Qualtinger

Uli der Pächter (CH; Ti in BRD: »Und ewig ruft die Heimat«)
Regie: Franz Schnyder
LP, Hannes Schmidhauser, Leopold Biberti, Marianne Matti, Fredy Scheim, Hedda Koppé, Sigfrit Steiner

Ich denke oft an Piroschka
Regie: Kurt Hoffmann
LP, Gunnar Möller, Gustav Knuth, Margit Symo, Wera Frydtberg, Annie Rosar, Adrienne Gessner, Rudolf Vogel

1956
Heute heiratet mein Mann
Regie: Kurt Hoffmann
LP, Johannes Heesters, Paul Hubschmid, Ingrid van Bergen, Gundula Korte,
Charles Regnier, Gustav Knuth, Ernst Waldow

Arsène Lupin, der Millionendieb (F/I; Ti in F/I: »Les Aventures d'Arsène
Lupin«/»Le Avventure di Arsenio Lupin«)
Regie: Jacques Becker
LP, Robert Lamoureux, O. E. Hasse, Sandra Milò, Jacques Becker, Huguette Hue

1957
Die Zürcher Verlobung
Regie: Helmut Käutner
LP, Paul Hubschmid, Bernhard Wicki, Wolfgang Lukschy, Maria Sebaldt,
Roland Kaiser, Rudolf Platte, Werner Finck, Sonja Ziemann

Bekenntnisse des Hochstaplers Felix Krull
Regie: Kurt Hoffmann
LP, Horst Buchholz, Ingrid Andree, Susi Nicoletti, Paul Dahlke, Ilse Steppat,
Walter Rilla, Peer Schmidt, Alice Treff, Werner Hinz, Paul Henckels,
Heidi Brühl, Heinz Reincke

1958
Das Wirtshaus im Spessart
Regie: Kurt Hoffmann
LP, Carlos Thompson, Rudolf Platte, Ina Peters, Kai Fischer, Günther Lüders

Zeit zu leben und Zeit zu sterben (USA; Ti in USA: »A Time to Love and a Time
to Die«)
Regie: Douglas Sirk
LP, John Gavin, Barbara Rütting, Dieter Borsche, Jack Mahoney

Helden
Regie: Franz Peter Wirth
LP, O. W. Fischer, Ljuba Welitsch, Ellen Schwiers, Jan Hendriks, Kurt Kasznar

Das Spiel war sein Fluch (F/I; Ti in F/I: »Le Joueur«/»Il Giocatore«)
Regie: Claude Autant-Lara
LP, Gérard Philipe, Françoise Rosay, Bernard Blier, Jean Danet, Nadine Alari

1959
Das schöne Abenteuer
Regie: Kurt Hoffmann
LP, Robert Graf, Oliver Grimm, Bruni Löbel, Eva-Maria Meineke

Buddenbrooks (1. und 2. Teil)
Regie: Alfred Weidenmann
LP, Nadja Tiller, Hansjörg Felmy, Lil Dagover, Werner Hinz, Robert Graf,
Hanns Lothar, Gustav Knuth

1960
Das Glas Wasser
Regie: Helmut Käutner
LP, Gustaf Gründgens, Hilde Krahl, Sabine Sinjen, Horst Janson, Rudolf Forster, Hans Leibelt

Das Spukschloss im Spessart
Regie: Kurt Hoffmann
LP, Hanne Wieder, Georg Thomalla, Heinz Baumann, Hans Richter, Hubert von Meyerinck, Elsa Wagner, Curt Bois, Paul Esser

Gustav Adolfs Page (A/BRD)
Regie: Rolf Hansen
LP, Curd Jürgens, Walther Reyer, Ellen Schwiers, Lina Carstens, Helmut Schmid, Axel von Ambesser

1961
Eins, zwei, drei (USA; Ti in USA: »One, Two, Three«)
Regie: Billy Wilder
LP, James Cagney, Horst Buchholz, Hanns Lothar, Pamela Tiffin, Arlene Francis, Leon Askin, Peter Capell, Hubert von Meyerinck, Ralf Wolter

1962
Der junge General (F/I; Ti in F/I: »La Fayette«/»Lafayette«)
Regie: Jean Dréville
LP, Michel Le Royer, Orson Welles, Vittorio de Sica, Wolfgang Preiss, Renée Saint-Cyr, Rosanna Schiaffino

Das Haus der Sünde (F; Ti in F: »Malefices«)
Regie: Henri Decoin
LP, Juliette Greco, Jean-Marc Bory, Georges Chamarat, Marcel Pérès

Kohlhiesels Töchter
Regie: Axel von Ambesser
LP, Helmut Schmid, Adeline Wagner, Heinrich Gretler, Dietmar Schönherr

1963
Frühstück im Doppelbett
Regie: Axel von Ambesser
LP, O. W. Fischer, Ann Smyrner, Lex Barker, Ruth Stephan, Loni Heuser, Edith Hancke

Ein fast anständiges Mädchen (E/BRD: Ti in Sp: »Una Chica Casi Formal«)
Regie: Ladislao Vajda
LP, Martin Held, Alberto de Medoza, Manolo Moran

1964
Staatsaffairen (USA; Ti in USA: »A Global Affair«)
Regie: Hall Bartlett
LP, Bob Hope, Michèle Mercier, Elga Andersen, Yvonne de Carlo, Miiko Taka

Fernsehen

(Fernsehfilme und -serien, Aufzeichnungen von Theateraufführungen und andere TV-Arbeiten – soweit feststellbar)

Zusammengestellt von Liselotte Pulver und Herbert Holba

1954
Unsere kleine Stadt
von Thornton Wilder
Regie: Harald Braun
LP, Mathias Wieman, Michael Heltau

2.12.1954
WDR
Livesendung

1956
Smaragdengeschichte
Regie: Kurt Wilhelm
LP, Joachim Fuchsberger, Trude Hesterberg, Carl Wery, Albrecht Schoenhals

25.2.1956
BR
Livesendung

Jeanne oder Die Lerche
von Jean Anouilh
Regie: Franz Peter Wirth
LP, Robert Graf, Robert Meyn, Mila Kopp, Eva-Maria Meineke

30.12.1956
SDR
Livesendung

1966
Der Regenmacher
von N. Richard Nash
Regie: Franz Peter Wirth
LP, Walter Richter, Stefan Wigger, Helmut Schmid

22.5.1966
WDR

1969
Pistolen-Jenny (Calamity Jane)
Western-Musical von Ronald Hammer und Phil Park
Regie: Alfred Weidenmann
LP, Helmut Schmid, Siegfried Rauch, Günther Lüders

17.4.1969
ZDF

1970
Timo
Familienserie, 10 Teile
Regie: Rolf Hädrich
LP, Helmut Schmid

1970 ff.
ARD

1971
Orpheus in der Unterwelt
von Jacques Offenbach
Regie: Joachim Hess
LP, Elisabeth Steiner, Inge Meysel, Theo Lingen, Toni Blankenheim, Kurt Marschner

25.8.1973
SF/SRG
Aufzeichnung einer Aufführung der Hamburgischen Staatsoper

1973
Die Baumwollpflücker
nach B. Traven, 4 Teile (Reihe »Novellen aus aller Welt«)
Regie: Jürgen Goslar
LP, Jürgen Goslar, Helmut Schmid

1975
Moral   12.10.1975
von Ludwig Thoma   ZDF
Regie: Imo Moszkowicz   Aufzeichnung einer
LP, Hans Caninenberg, Richard Münch, Peer Schmidt,   Aufführung der
Helmut Schmid, Käthe Haack   Ruhrfestspiele
                                                           Recklinghausen

1976
Café Hungaria   14.8.1976 ff.
Serie   ORF
Regie: Karoly Makk u. a.
LP, Götz George, Thomas Fritsch, Christiane Krüger

1977–1983
Sesamstraße   ARD
Kleinkinderserie
Regie: Norbert Schultze und Helmut Herrmann
LP, Henning Venske, Uwe Friedrichsen, Manfred Krug

1977
Der Alte   ZDF
1. Folge
Regie: Michael Braun
LP, Siegfried Lowitz

1980
Drunter und Drüber
6 Folgen
Regie: Georg Tressler
LP, Klaus Höhne, Helmuth Lange

1981
Jeden Mittwoch
Fernsehspiel
Regie: Wolfgang Spier
LP, Barbara Schöne, Günter Pfitzmann, Herbert Herrmann

1983
Boeing Boeing   ORF
von Marc Camoletti
Regie: Herbert Fuchs
LP, Klaus Wildbolz

1985
Tiroir Secret
6 Folgen
Regie: u. a. Eduardo Molinaro
LP, Michèle Morgan

1987
Lauf doch nicht immer weg
von Philip King
Regie: Helmut Schmid
Fernsehregie: Thomas Hostettler
LP, Helmut Schmid

DRS
Aufzeichnung der
Theater-Tournee -
produktion

Herbst in Lugano
O. W. Fischer-Special
Regie: Ulrich Stark
LP, O. W. Fischer

1988
Mit Leib und Seele
8 Folgen
Regie: Hartmut Griesmayr
LP, Günter Strack

ZDF

1993
Alles aus Liebe
1. Teil, Regie: Peter Deutsch

ZDF
18.9.1993

»Der denkende Mülleimer«
LP, Gerd Baltus, Anke Sevenich
»Skandal«
LP, Harald Leipnitz, Katja Flint, Hans Wöhlke
»Zwillinge«
LP, Hans-Peter Korff

2. Teil, Regie: Rolf von Sydow

25.9.1993

»Ohne Erna bin ich nichts«
LP, Gracia-Maria Kaus, Jörg Pleva
»Alles paletti?«
LP, Holger Handtke, Günter Lüdke
»Blaue Briefe«
LP, Mariele Millowitsch, Gunnar Möller

1995
Natale con papà
(I/BRD; Ti in BRD: »Das Weihnachtskonzert«)
Regie: Giorgio Capitani
LP (Frau Schwarzkopf), Gabriele Ferzetti, Ivan Desny,
Michael Roll, Alessandro Sacco, Eckhard Preuß

I
25.12.1995

Sketch-Auftritte, Talkshows u. a.

Zusammengestellt von Liselotte Pulver

1963 Circus Krone: Stars in der Manege
1968 Circus Krone: Stars in der Manege
1969 Peter-Alexander-Show
1970 UNICEF
1971 Dalli Dalli
1972 Kreuzverhör, Baden-Badener Roulette
1973 Begegnungen, Spiel zu zweit, Gästebuch aus der Schweiz,
     Circus Krone: Stars in der Manege
1974 Eurovision de la Chanson Schweiz, Hallo Peter, Der Große Preis, Dalli Dalli,
     Circus Althoff
1975 Der heiße Draht, Michael-Schanze-Show, Schaukelstuhl
1976 Hermann-Prey-Show, Peter-Kraus-Show, Musik ist Trumpf,
     Vico-Torriani-Show, Circus Knie
1977 Dalli Dalli, Die Montagsmaler, Chansons WDR, In Sachen Knuth,
     Wer wagt, gewinnt
1978 Dalli Dalli, Die Montagsmaler, Winterkreuzfahrt
1979 Circus Krone: Stars in der Manege
1981 Das kann ja heiter werden, Circus Krone: Stars in der Manege
1982 Die goldenen Fünfziger
1983 Wetten, dass..., Ganz schön mutig, Je später der Abend, Die Pyramide, Freizeit
1984 Auf los geht's los, Komische Geschichten, Freizeit, UNO-Gala
1985 Schneezauber
1986 Mein Gästebuch, Willkommen im Club
1987 Showgeschichten, Ein Abend für Joachim Fuchsberger, Tele-As, UNICEF
1989 Nase vorn
1990 Verstehen Sie Spaß? Mensch Meier, Talk Frankfurter Alte Oper, Friedrich-
     stadtpalast Berlin, Porträt DRS
1991 Seniorenclub ORF, Ja oder Nein, Haben Sie heue Zeit?, DRS Lebendig begra-
     ben
1992 Heinz Rühmann Gala
1993 Boulevard Bio, ZDF Lotto und Länderjournal, Johannes Heesters Gala
1994 Gottschalks Late Night-Show, Heinz Rühmann Geburtstagsinterview
1995 DRS Risiko, Landuf–Landab, Inge Meysel Gala, Die Goldene 1
1996 Bayerischer Filmpreis, Talk Willemsen, NTV Berlin, NDR Hamburg
1997 DRS Landuf–Landab, Alex, Riverboat, Danke Hazy
1998 Spiegel TV, Alfredissimo, Videopreis 1998, Wirtschaftswunder, NDR Talk
1999 Leute heute, Quer, Doc
2000 Bayerischer Filmpreis, Deutscher Filmpreis

272 Seiten, ISBN 3-7844-2546-1

Liselotte Pulver

Bleib doch noch ein bißchen

Ein Buch, das Mut macht und Trost gibt

Die beliebte Schauspielerin mit dem berühmten Lachen

läßt den Leser in packenden Situations- und treffenden

Personenbeschreibungen an weiteren entscheidenden

Momenten ihres Lebens teilhaben.

Langen Müller

448 Seiten, ISBN 3-7844-2313-2

Liselotte Pulver

…wenn man trotz– dem lacht

Ein sich selbst gegenüber schonungs- loser Lebensbericht

Dieses Buch zeichnet, basierend auf Tagebucheintragungen und pointiert geschrieben, den Weg einer bis heute erfolg- reichen Künstlerin und einer klugen, dem Leben positiv gegenüberstehenden, tapferen Frau nach.

Langen Müller